KB180000

# 서울
# 리뷰 오브
# 북스

Review of
Books
2024 봄

13

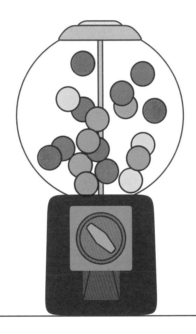

왜 투표를 하러 갈까? 사회과학자들은 이 질문에 대해 오랫동안 고민해 왔다. 투표는 민주 시민의 의무라는 언명은 투표를 왜 해야 하느냐는 질문이 얼마나 본질적인지를 반증할 뿐이다. 의무란 하기 싫은 것을 억지로 강제할 때 활용하는 가장 일반적인 수단 아닌가. 내가 찍는 표는 수만 명 혹은 수백만 명의 표 중 하나일 뿐이라 투표 결과에 미치는 영향이 지극히 미미한데, 내가 굳이 시간을 내서 투표장까지 가야 할 이유란 도대체 무엇인가.

이런 원초적 질문은 입후보자의 면면이나 그들이 속한 당을 살펴보면 강해지면 강해졌지 해소되기는 어려운 경우가 많다. 공약은 다 거기서 거기고, 경쟁자를 깎아내리는 데만 골몰하는 후보자들을 보다 보면 정말 찍을 사람이 없다는 푸념만 나온다. 게다가 지금이야 국민들에게 고개 숙이고 표를 구하지만, 뽑히고 나면 몇 년간은 유권자들은 까맣게 잊고 권력을 즐기며 지내는 모습을 반복해서 보는 것도 이제는 지겹다.

이런 회의는 민주주의에 대한 근본적인 불신을 불러일으킨다. 인류가 만들어 낸 여러 정치 체제 가운데 그나마 나은 제도라고 믿고 싶지만, 지난 10여 년을 돌아보면 그런 생각이 도대체 맞는 것인지 의문이 든다. 근대 민주주의의 모델처럼 여겨지던 미국에서조차 도널드 트럼프 같은 인물이 대통령으로 뽑히고, 그것도 모자라 이제는 재선이 유력시되는 이런 상황을 보면서 민주주의와 선거가 좋은 제도라는 믿음을 어떻게 지켜 갈 수 있겠는가?

《서울리뷰오브북스》(이하 《서리북》)는 이런 절망을 직시해 보기로 했다. 해방 이후 수십 년 동안 수많은 희생을 통해 쟁취했던 자유선거와 민주주의가 정말로 그만한 값어치가 있는 것인지 되짚어 보는 특집을 마련했다. 어렸을 때부터 당연하게 여겨 왔던 민주주의의 기본 원리를 깊이 성찰한 저작들을 꼼꼼히 읽어 봄으로써, 무엇이 잘못되었고 무엇을 고쳐야 하는지 생각해 보는 기회를 가졌다. 이런 노력이 민주주의를 새롭게 이해하고 부활시키는 밀알이 될 수 있기를 기원한다. 특집 리뷰를 써주신 집필자들, 그리고 이번 호 기획을 도와주신 권보드래, 송지우, 유정훈 편집위원께 진심으로 감사드린다.

2020년 12월 《서리북》 창간준비호가 나오고 이듬해 3월 창간호가 발간된 지 3년여가 흘렀다. 큰 희망과 포부를 안고 시작했지만, 성과는 기대에 미치지 못한 점이 많았다. 그러나 그것은 눈높이가 높아서일 뿐, 우리가 그동안 이룩한 것이 미미하기 때문은 아니다. 창간 직후 몰아닥친 코로나 사태로 인해 모든 사회·문화 활동이 위축되고 제대로 된 편집위원 모임조차 하기 어려운 상황 속에서도 책을 고르고 서평자를 모시고자 안간힘을 쓰던 과정을 되돌아보면, 사실 13호를 내게 되었다는 것만으로도 큰 성취를 이룬 것이라고 자부한다.

이런 성과를 거둘 수 있었던 가장 큰 힘은 독자 여러분의 관심이다. 많은 부족함에도 불구하고 서점에서 혹은 정기 구독을 통해 《서리북》을 찾아 읽어 주신 분들이 계셨기에, 우리는 다음 호를 계속 준비할 수 있었다. 아울러 이 자리를 빌려 감사드리고 싶은 분은 그간 편집위원장직을 수행해 주신 홍성욱 편집위원이다. 처음 《서리북》을 내기로 결정한 이후 편집위원장으로서 수행한 편집·

기획 업무 그리고 이를 뒷받침하기 위해 해야 했던 수많은 서류 작업은 말 그대로 책 한 권으로 기록할 만큼 지난한 것이었다. 《서리북》이 이제 걸음마를 끝내고 새로운 도약을 준비해야 하는 지점까지 올 수 있었던 것은 홍성욱 편집위원장의 리더십이 아니었다면 불가능했을 것이다. 이제는 행정 업무와 리더로서의 부담이라는 짐을 내려놓고, 서평을 통해 《서리북》에 더 많이 기여해 주시길 부탁드린다.

어쩌다 보니 후임을 전임자보다 턱없이 부족한 사람이 맡게 되었다. 불과 2개월이 지났을 뿐이지만, 편집위원장직의 무게는 힘겹다는 말로는 부족할 만큼 과중하다. 왜 편집위원장직을 맡아 달라는 말씀을 들었을 때 더 매정하게 거절하지 못했을까 하는 후회를 매일매일 하면서도, 왜 《서리북》을 계속 내야 하는지, 앞으로 어떻게 《서리북》을 더 좋은 잡지로 발전시켜야 하는지를 생각하다 보면 이런 중책을 맡겨 주신 것에 대해 감사하는 마음이 들고, 잘해 보고 싶다는 의욕도 생긴다. 투표에 참여해야 한다는 의무, 민주주의를 지키고 발전시켜야 한다는 의무가 단순히 허울 좋은 구호가 아니라 세상을 보다 좋은 곳으로 만들고 싶다는 인간의 원초적 의지와 맞닿아 있듯이, 《서리북》 편집위원장직을 수행하는 것은 우리가 꿈꾸었던 것들을 이룩하는 데 남들보다 조금 더 기여할 기회를 가지게 된 것이라는 자부심을 느낀다. 아무쪼록 많은 분들께서 도와주시고 앞으로도 큰 관심 가져 주시기를 부탁드린다.

마지막으로, 발간 체제 개편에 대해 말씀드리고자 한다. 지금까지 《서리북》은 편집위원이 주도하는 사단법인 서울서평포럼이 발행하고, 편집, 인쇄 및 판매를 알렙 출판사에게 의뢰하는 방식으로 이루어졌다. 이런 체제를 택했던 가장 큰 이유는 객관적이면서도 높은 수준의 서평을 싣는 데 가장 적합하다고 생각했기 때문이다. 그런데 지난 3년 동안 운영을 하는 과정에서 좋은 의미에서건 나쁜 의미에서건 처음 예상과는 다른 상황들을 겪게 되었다. 많은 논의 끝에 지금보다 효율성을 높이고 보다 나은 서평지가 되기 위해서는 발간 체제를 재편해야 한다는 결론에 도달했다.

그 결과, 이번 호부터《서리북》발행을 알렙이 맡는 것으로 서울서평포럼과 알렙이 합의했다. 즉 많은 계간지들처럼 알렙이 발간하는 계간지에 편집위원들이 편집위원회를 통해 참여하는 방식으로 협업 방식이 바뀐 것이다. 이런 결정을 할 수 있었던 것은 지난 3년간의 경험을 통해 알렙이 우리가 추구하고자 했던 객관적이면서 수준 높은 서평이라는 지향을 지켜 나가 주리라는 믿음이 있었기 때문이다. 재정적으로 큰 부담이 있을 수밖에 없음에도 불구하고 편집위원들의 목표에 공감하고 서평지 발간을 흔쾌히 맡아 준 조영남 대표께 감사드린다. 그리고 앞으로 보다 나은《서리북》이 될 수 있도록 알렙과 편집위원회가 함께 노력해 갈 것임을 약속드린다.

편집위원장
김두얼

# 차례

"민주주의의 핵심 문제는 단지
'민주주의는 여타 정치 형태보다 좋은
결과를 가져오는가'가 아니라,
동시에 '민주주의가 때로 나쁜 결과를
초래하는데도 우리가 민주주의를
수립하고 유지할 이유는 무엇인가'이다."

◀ 24쪽, 송지우「민주주의는 유권자 때문에 실패하는가」

"자기 나라의 민주주의를
구하기 위한 해법이 궁금하다면,
이 책이나 저자들에 대한
아쉬움으로 남길 것이 아니라
각자의 나라에서 현실에 맞추어
문제를 찾고 답을 내면
될 일이다."

▶ 38쪽, 유정훈「무너지는 민주주의를
선거로 구할 수 있을까?」

"민주주의에서
단 하나의 정답은 없다."

◀ 49쪽, 하상응「차별 없는 차이의 인정」

"선거 외에 다른 특별한
정치적 수단을 발견하기 어려운 지금,
우리는 어떤 자세로 선거에
임해야 하는가. 또는, 선거 외에
어떤 대안을 찾을 수 있을까."

◀ 53쪽, 이나미 「'선거는 민주적'이라는 착각」

"현대 정치의 위기는 존엄에 대한
대중들의 요구에서 비롯되었기에,
우리가 살고 있는 시대는 다름 아닌
'정체성 정치' 시대이다."

▶ 66쪽, 정회옥 「나는 누구인가를 묻는 대중」

"이 책을 통해 우리는
K-민주주의가 실은
얼마나 민주주의의
보편적 상식에 미달하는지,
앞으로 치열하게
도전해야 할 과제가
무엇인지 깨닫게 된다."

▶ 79쪽, 장석준 「양대 정당 독점 정치를
아래로부터 무너뜨리는 법」

"우리는 이 책에서 쇼펜하우어의 사상에
대한 깊이 있고 창의적인 해석을
기대해서는 안 되며, 그런 관점에서
평가하는 것은 적절하지도 않다."

▶ 118쪽, 박찬국 「베스트셀러 1위인 철학서를 어떻게 볼 것인가?」

마흔에 읽는 쇼펜하우어 — 마음의 위기를 다스리는 철학 수업 — 강용수 지음

유노북스

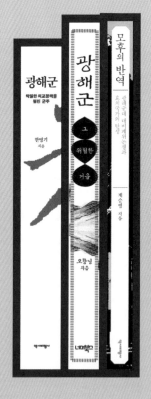

광해군
탁월한 외교정책을 펼친 군주

한명기 지음

광해군
그
위험한
거울

오항녕 지음

모후의 반역
광해군대 대비폐위론과
효치국가의 탄생

계승범 지음

"과연, 광해군은 조선사 전체를
들여다보게 해주는 창문일까.
창문이라면 어떤 창문일까."

◀ 129쪽, 김영민 「조선 국가론을 향하여」

"걸프 시장을 이해하기 위해
그 시장을 직접 경험한 전문가들이
쓴 책 세 권을 골라 필요한 부분을
연결해 가며 읽었다."

◀ 165쪽, 박인식 「석유 이후의 걸프 경제」

"우리가 그 이름을 불러 주기
전에도 꽃들은 그저 피어나
어디서든 잘 자라고 있다.
자연은 불러 주는 이름이
없이도 서로 어울려 잘 지낸다."

▶ 186쪽, 정우현 「이름을 불러주지 않아도
꽃은 이미 거기에 있다」

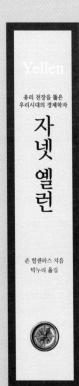

"비록 옐런 스스로의 목소리는
아니지만 이 책은 경제와
정치의 접점을 고민하는
독자들에게는 더할 나위 없이
유익한 자료이다."

▶ 200쪽, 신현호 「자넷 옐런을 통해 본 경제와
정치의 접점」

민주주의와 선거

서울
리뷰 오브
북스

무능한 민주주의를 향한 도전적 비판

# 민주주의에 반대한다

AGAINST
DEMOCRACY

제이슨 브레넌 지음 · 홍권희 옮김

## 우리는 더 유능한 정부를 가질 권리가 있다!

잘못된 지식을 가진 유권자가 비합리적인 후보에게 투표한다면,
더 나은 사회를 만드는 데 기여할 수 있을까?

아라크네

『민주주의에 반대한다』
제이슨 브레넌 지음, 홍권희 옮김
아라크네, 2023

# 민주주의는 유권자 때문에 실패하는가

### 송지우

### 그것은 좋은 밈이었다

동료 시민들의 투표 행보에 경악한 적이 있다면, 여기 당신을 위한 밈(meme)이 있다. 정치철학자 제이슨 브레넌(Jason Brennan)에 따르면, 민주주의 사회의 유권자는 대부분 호빗이거나 훌리건이다. 호빗은 J. R. R. 톨킨의 『반지의 제왕』에 등장하는 종족으로, 땅굴에 서식하며 속세의 복잡함을 벗어나 단순하고 목가적인 삶을 산다. 훌리건은 영국 축구와 같은 열광적인 스포츠 문화에서 익숙한, 난동꾼 팬들이다. 말하자면 유권자는 대부분 정치 현안에 무지한 무관심층이거나, 관심은 넘치지만 과격하고 맹목적인 극성 정치 팬덤층이라는 것이다.(42쪽) 반면 민주주의의 이상은 유권자가 벌컨처럼 행동할 것을 상정한다. 벌컨은 공상과학 시리즈 〈스타트렉〉에 등장하는 종족으로, 합리적이고 신중해서 타인을 존중하고 공동선을 추구하며 사실관계 판단은 오직 최선의 증거에 근거해 내린다. (유명 캐릭터인 스팍(Spock) 선생이 바로 벌컨족이다). 민주주의의 이상은 벌컨 같은 유권자를 전제하는데 민주주의의 현실은 호빗과 훌리건으로 넘쳐나니, 이상이 현실을 이끌지도 설명하지도 못하는 게

왼쪽 위부터 시계 방향으로 영화 〈호빗〉의 주인공 빌보 배긴스(마틴 프리먼 분), 〈스타트렉〉의 스팍(레너드 리모이 분), 훌리건.(출처: 워너 브러더스 코리아㈜; NBC; 위키피디아)

당연할지 모른다. 여러 부작용 가운데 가장 심각한 것은 물론, 민주적으로 보편적 참정권을 고수할수록 공동체는 호빗과 훌리건의 멍청하고 해로운 선택들에 휘둘리게 된다는 것이다.

　와닿지 않는가? 앞으로 동료 시민들의 정치적 분별력이 절망스러울 때, 그들이 정확히 말해 호빗인지 아니면 훌리건인지 분석하는 지적 유희로 마음을 다스려 보자. (다만, 호빗이 비로소 정치에 관심을 가지면, 압도적 확률로 벌컨보다는 홀리건이 된다는 브레넌의 지적에 다시 좌절하게 될지 모른다.)

여기서 논의를 끝낼 일이었다면, 소셜미디어 포스팅 정도로 족했을 것이다. 『민주주의에 반대한다』에서 브레넌은 호빗-홀리건-벌컨 비유를 내세워 훨씬 야심 찬 논증들을 시도한다. 첫째, 대부분의 유권자가 호빗이나 홀리건일 수밖에 없다는 게 단지 직감이 아니라 사회과학적으로 견고하게 입증된 사실이라고 주장한다. 경험 연구자가 아닌 브레넌은 이를 위해 다양한 사회과학 연구와 조사 결과를 모으고 해석하여 근거로 제시한다. 둘째로 브레넌은 본업인 정치철학 연구의 자원을 동원해서 민주주의의 목적과 용도를 식별하고자 한다. 이 지점에서 핵심 주장은 민주주의나 권위주의와 같은 정치 형태를 평가할 때는 절차주의가 아닌 도구주의를 취해야 한다는 것이다. 요컨대 정치 형태는 오직 좋은 정치적 결정과 좋은 정책에 이르는 도구로서만 가치 있을 수 있어서, 민주주의를 채택할지 말지의 문제는 민주주의가 실제 좋은 결과를 낳는지 아닌지의 기준으로만 판단해야 한다는 주장이다. 첫째 주장과 둘째 주장을 합치면, 호빗과 홀리건이 다수를 이루어 무능의 횡포를 일삼는 민주주의는 가치 있는 정치 형태가 아니라는 결론이 나온다. 나아가 셋째로 브레넌은, 우리가 이런 민주주의를 묵인하지 않을 이유가 다분하다고 주장한다. 인간에게는 타인의 무능함 때문에 해를 입지 않을 권리가 있는바, 무능한 동료 시민들이 나에게 해로운 결정을 내린다면 그 결정이 민주적 결정이었다 하더라도 내게 어떤 정당성이나 권위를 가질 수 없다는 것이다. 그래서 브레넌은 끝으로, 플라톤 이래 철학자들을 유혹해 온 대안 정치 형태, 즉 에피스토크라시(epistocracy) 내지 "지식인에 의한 통치"(56쪽)

저자가 제안하는 에피스토크라시는 플라톤 이래 철학자들을 유혹해 온 대안 정치 형태이다. 그림은 라파엘로의 〈아테네 학당〉.(출처: 바티칸 미술관)

를 진지하게 실험하자고 제안한다.

저마다 도발적인 이 주장들의 조합을 브레넌은 현학을 일체 배제한 간결한 문체로 풀어 간다. 브레넌은 수사보다는 평이함을 추구하는 분석철학 전통에서 훈련받은 학자이고, 이런 훈련에서 오는 경쾌한 가독성은 이 책의 장점이다. 하지만 분석철학의 더 중요한 목표, 즉 논변의 엄밀함을 기준으로 볼 때 『민주주의에 반대한다』는 약점이 두드러지는 책이다.

## 벌컨이 드물다는 것의 의미

책의 첫 번째 약점은 경험 연구 결과의 선별적 제시와 과대 해석이다. 대개의 유권자가 벌컨처럼 합리적이지는 않다는 사실은 널리 알려졌다. 개별 유권자들은 동기화된 사고(motivated reasoning)의 함정에 빠지고 근시안적으로 판단하거나 부족주의적 행태를 보이기도 한다. 또, 브레넌이 미국의 예를 내세워 강조하듯이, 현재 다수당이 어느 당인지, 현안에 대한 유력 정치인들의 입장이 무엇인지와 같은 기본적인 정치 상식도 모르기 일쑤이다.(72-73쪽) 이런 우울한 사실을 대면하며 대부분의 민주주의 연구자들은 대의민주주의 제도의 개혁을 제안한다. 연구자들은 가령 선거 제도나 정부 구성을 단순화하여 유권자들이 알아야 할 정치 지식의 복잡성을 줄이거나, 정치 후원금을 적극적으로 규제하여 재력가들이 정치인을 포획할 위험을 줄이자고 제안하고는 한다. 더 급진적인 변화를 꿈꾸는 연구자들은 민주주의가 기약하는 정치 참여 기회의 평등을 선거가 아닌 추첨 제도로 구현하거나, 대의제가 아닌 소규모 공중(mini-public), 시민의회(citizens' assembly) 등을 활용한 직접민주주의 실험으로 시민들의 의미 있는 정치 참여를 제고하자고 주장하기도 한다.

즉, 벌컨의 부재라는 경험적 사실과 민주주의 반대라는 도발적 결론 사이에는 여러 가지 개혁 제안이 있다. 그런데 이들 개혁이 부질없음을 보이기에는 관련 경험 연구들이 브레넌의 주장처럼 단정적이지 않다. 이런 유형의 연구는 대체로 특정한 사회의 특정한 시기에 유권자들이 특정한 경향성을 보인다는 것을 규명해서, 모든 조건에서 저절로 일반화되지 않는다. 말하자면 유권자의 지식수준이나 판단 방식에 관한 경험 연구는 통상 어떤 사회경제적 조건—가령 여러 종류와 정도의 불평등—과 제도적 맥락—가령 특정한 선거 절차나 정부 구성—에서 이루어지기 때문에, 바로 그 조건들을 바꾸자는 민주주의 개혁의 상상력을 차단할 근거가 된다고 보기 어렵다. 게다가 브레넌은 숙의민주주의의 잠재력을 비판하면서도 숙의민주주의 실험들을 긍정적으로 평가하는 여러 경험 연구를 외면하는 등, 데이터를 선별적으로 검토하는 부주의함을 보인다. 또 브레넌의 탓은 아니지만, 이 책의 원본이 출간된 2016년 이후로 숙의 및 직접 민주주의 실험과 관련 연구가 활발하게 이루어져 왔다는 점도 브레넌의 경험적 결론을 흔드는 요인이다.

브레넌의 사회과학 검토에서 그나마 광범위한 유권자 무능을 지지할 만한 근거로는 정치적 비합리성의 합리성 이론이 있다. 조금 단순화해서 요약하자면, 한 명의 유권자가 정치 과정에서 실제 영향력을 행사할 가능성은 너무나 희박하기 때문에, 개별 유권자 관점에서는 정치 현안을 숙지하고 고민하는 인지적 노력을 들일 유인 또한 극히 적다. 말하자면 개별 유권자에게는 정치적 비합리성이 오히려 (적어도 효율성의 관점에서는) 합리적인 것이다. 어느 정도 규모를 넘는 공동체에서는 제도를 이리저리 바꾸더라도 개별 유권자의 실제 영향력 행사 가능성이 무척 낮다고 가정한다면, 적어도 많은 유권자가 호빗이 되어 버리고 마는 경향은 좀 더 견고하게 설명할 수 있을지 모른다. (훌리건론은 부족주의적 동기와 같은 추가 설명 요소를 동원해야 논증할 수 있을 것이다.)

그런데 개별 유권자 차원의 이러한 분석도 민주주의가 도구적으로 가치 없다는 결론을 바로 내어 주지는 않는다. 브레넌도 인정하듯이, 거시적으로 그리고 장기적으로 볼 때 민주주의 사회들이 여타 정치 형태를 택한 사회들에 비해 여러모로 좋은 결과를 내기 때문이다. 물론 상대적인 기준일 뿐이지만, 여타 사회들에 비해 민주주의 사회들은 국제 평화나 경제 발전, 인권 보호 등의 척도로 볼 때 오히려 나은 편이다. 대다수 유권자는 "무지하고 비합리적이며, 더 알고 있다면 지지하지 않을 정책과 후보를 지지"하는데도 "대부분의 민주주의 국가는 독재, 과두제, 군주제 및 일당제

2022년 대한민국 제20대 대통령 선거를 위해 투표소로 향하고 있는 유권자들의 모습.
(출처: 대한민국 정부, 사진 촬영: 전한)

국가보다 합리적으로 더 좋은 결정을 내리는 경향이 있"는 것이
다.(318쪽)* 그런데 그렇다면, 예컨대 내가 지지하는 후보가 낙선한
순간의 답답함을 민주주의 폐지론으로 전개하는 것은 그야말로
비합리적인 '급발진'이지 않은가?

**'민주주의에 반대'하는 것과 '에피스토크라시에 찬성'하는 것**
물론, 대부분의 민주주의자들도 민주주의가 언제나 좋은 결과를
보장하거나 최선의 결과를 가져온다고 생각하지는 않는다. 브레
넌을 특히 불편하게 하는 민주적 승리주의자, 즉 민주주의가 도구
적으로도, 도덕적으로도, 근본적으로도 "유일무이하게 정당한 사
회 조직의 형태"(45쪽)라고 보는 이들도 있지만, 그저 "독재, 과두

---

* 정확히 왜 그런지에 대해서는 여러 관점의 설명이 있다(7장 참고).

제, 군주제 및 일당제 국가"(318쪽)의 폐해를 방지하고자 보편적 참정권을 주장하는 민주주의자도 많다. 낭만이나 환상보다는 경계하는 마음으로 민주주의를 지지하는 이들에게 브레넌은 오히려 타협하지 말라고 종용한다. "민주주의 정부는 그동안 **우리가 시도했던** 대안들보다 더 나은 성과를 얻어 왔"지만, "우리가 아직 시도하지 않은 체제 중 훨씬 더 나은 게 있을지도 모른다"는 것이다.(47쪽) 여기서 브레넌은 에피스토크라시에 희망을 건다. 사실 정치적으로 '유능하다'고 판명된 이들에 의한 통치라면, 역사적 사례는 물론 현대 중국의 경우를 "우리가 시도했던 대안들"로 생각해 볼 수 있을 것이다. 이 사례들이 왜 에피스토크라시에 해당하지 않는지에 대한 이렇다 할 설명은 없다. 그저 이들이 브레넌이 "옹호하는" 에피스토크라시와 "정확히 같은 종류는 아니"라는 일견 임의적인 구별이 있을 뿐이다.(328쪽) 브레넌이 옹호하는 에피스토크라시는 인류가 "실제 시도해 본 적이 없"는 것이며 그래서 현존하는 민주주의 사례와 선명하게 비교하기는 어렵지만, 어쨌든 브레넌은 호빗과 훌리건이 벌컨과 나란히 한 표씩 행사하는 민주주의보다는 자격 시험에 기반한 참정권 제한제나 복수 투표제, 역량 강화 훈련을 조건으로 하는 선거권 추첨제, 보통선거 결과에 거부권을 지니는 에피스토크라시 평의회 구성, "객관적 정치적 지식" 수준에 따라 참정의 가치를 차등하게 배정하는 가중투표제 등 가능한 방안들을 실험해 보자고 제안한다.(8장) 모든 안의 규범적 근간은 이른바 "역량 원칙", 즉 "정치적 결정은 유능한 정치 기구들에 의해 유능한 방법과 선의로 만들어질 때만 정당하고 권위 있는 것으로 추정된다"는 원칙이다.(260쪽) 역량 원칙은 (브레넌이 중요한 권리라 생각하는) "무능한 정치적 결정의 대상이 되지 않을 권리" 보호를 목적으로 한다.(260쪽)

『민주주의에 반대한다』 출간 후 많은 논평가들은 브레넌이 제안하는 에피스토크라시안이 충분히 구체화되지 않았다고 비판했다. 한편으로는 공평하지 않은 공격이다. 책의 중심 화두는 민주주의의 도구적 문제점들이고 에피스토크라시는 이들 문제점과 "무능한 정치적 결정의 대상이 되지 않을 권리"의 중요성을 고려할 때 앞으로 시도해 볼 만한 아이디어로 제시되는 것이니, 에피스토크라시의 세부 설계까지 바라는 것은 무리일 수 있다. 책 제목이 『민주주의에 반대한다』이지, 『에피스토크라시에 찬성한다』는 아니지 않은가.

하지만 다른 한편으로 책의 주제와 브레넌의 논증 구조상 두 명제─민주주의 반대와 에피스토크라시 지지─가 기실 분리되기 어려운 면도 있다. 브레넌이 주장하듯 오직 도구적 관점에서만 판단하더라도, 현실의 민주주의를 전복하는 게 적절한지는 대안의 유효함과 밀접하게 연결되어서이다. 책 후반부에서 브레넌이 (너무 가볍게) 인정하듯, 현실의 불완전한 민주주의와 실현 가능성이 불분명한 이상의 에피스토크라시를 단순 비교하는 것은 현실 민주주의의 문제를 해결하는 데 유용하지 않을 수 있다. 더욱이 브레넌의 사회과학 연구 검토가 부주의하다는, 즉 민주주의 사회에서 호빗과 훌리건의 지배가 거진 확정적이라는 브레넌의 진단이 과장된 것이라는 앞선 지적이 맞다면, 현실 민주주의의 대안으로 보편적 추첨제나 소규모 공중과 같은 급진 민주주의 실험보다 에피스토크라시 실험을 먼저 시도할 명분도 뚜렷하지 않다.

### 민주주의는 무용한가 아니면 해로운가?

민주주의가 단지 도구적으로만 가치 있는 게 아니라 그 자체로 의미 있다고 보는 민주주의자에게는, 사실 에피스토크라시 실험보다 민주주의 실험을 먼저 시도할 이유가 뚜렷하다. 예를 들어 민주주의가 공동 자치의 이상을 실현하거나 사회 구성원 사이 평등을 제도화하는 방식으로 가치 있다고 보는 민주주의자에게는 민주주의 실험을 소진하는 게 당연히 우선이다. 브레넌은 책의 4-5장에서 민주주의의 절차가 그 자체로 가치 있다고 보는 절차주의 입장이 "근거가 없다는 것을 확실히 밝혔다"고 자신한다.(65쪽) 이 주장이 맞다면, 『민주주의에 반대한다』는 민주주의 이론의 주류를 타파하는 데 성공했을 것이다. 주류 민주주의 이론은 대부분 브레넌이 절차주의로 분류하는 논변을 부분적으로라도 포함하기 때문이다. 요컨대 주류 민주주의 이론은 많은 경우 민주주의가 여타 정치 형태에 비해 좋은 결과를 낳는 경향이 있을뿐더러, 인간의 자율성 실현, 정치 공동체 구성원 사이 평등의 구현 등 절차주의적 의의가 있다고 보는 혼합 논변을 견지한다. 이 관점에서 보면, 민주주의의 핵심 문제는 단지 '민주주의는 여타 정치 형태보다 좋은 결과를 가져오는가'가 아니라, 동시에 '민주주의가 때로 나쁜 결과를 초래하는데도 우리가 민주주의를 수립하고 유지할 이유는 무엇인가'이다. 물론 학계에서 그 어떤 주류 민주주의 이론도 완전무결한 것으로 받아들여진 적은 없고, 브레넌은 4-5장에서 주류 이론들의 잠재적 문제점을 꽤 다양하게 지적한다. 하지만 4-5장의 내용은 사실 방대한 문헌 연구를 통해 오가는 논쟁들의 일부를 건드릴 뿐, 가능한 반론과 재반론을 온전히 다루지는 못한다.

    더 큰 문제는 4-5장에서 브레넌이 강조하는 논점들이 책의 다른 구간에서 그가 전제하는 바와 충돌하고는 한다는 점이다. 대표적으로 개별 유권자의 영향력에 관한 논점이 이러하다. 앞서 보았듯이, 브레넌은 개별 유권자가 정치 과정에서 행사할 수 있는 영향력이 미비하다는 점에 주목한다. 절차주의를 반박하는 과정에서 브레넌은 이 사실을 다시 소환한다. 예를 들어 민주적 절차가 개인에게 정치적 힘을 가져다주거나, 다른 면에서는 불평등한 사회 구성원 사이에 어떤 결정적인 평등을 보장한다고 보기에는, 개별 유권자가 너무도 무력하다는 것이다. 하지만 6장에서 브레넌은 무지하고 비이성적인 동료 시민들이 "나에 대한 정치권력을 가졌다"고 지적하며 그 부당함을 호소한다.(240쪽) 9장에서 그는 "현대 민주주의 국가에는 머리가 하나인 무능한 왕이 아니라, 머리가 여럿 달린 무능한 왕이 있"고 그 머리들이 저마다 호빗이나 훌리건이 되어 "나에게 정치권력을 휘두른다"고 우려한다.(380-381쪽) 민주주의의 가치를 판단할 때는 무력한 존재였던 유권자가 민주주의의 폐해를 주장할 때는 권력자가 되어 있다. 물론 실제 권력을 지니는 것은 개별 유권자가 아닌 유권자 집단이라고 보는 게 엄밀하다. 하지만 브레넌 자신이 이런 엄밀함을 준수하지 않는 것은 둘째 치고, 절차주의자가 그 엄밀함을 수용하지 못할 이유가 없다. 절차주의자라고 해서, 민주주의가 개인에게 부여하는 힘이 집단의 정치권력에서 도출되는 것임을 부정할 이유는 없다. (예를 들어 장 자크 루소와 같은 이론가는 바로 그러한 집단의 '일반의지' 행사에 참여하는 것이야말로 개인의 자유를 온전히 실현하는 길이라고 하지 않는가.)

## 브레넌은 벌컨인가?

이처럼 책 전체를 두고 봤을 때 군데군데 논증의 충돌이 일어나는 것은, 브레넌의 논증 방식이 일련의 미시 논변을 꿰는 식이기 때문일 수 있다. 하지만 이것은 설명이지 정당화가 아니다. 브레넌의 목적이 단지 토마스 크리스티아노(Thomas Christiano)나 데이비드 에스틀런드(David Estlund)와 같은 개별 절차주의자와의 각개전투에서 되도록 높은 득점을 올리는 게 아니라 민주주의에 대한 하나의 철학적 입장을 개진하는 것이라면, 4-5장의 브레넌이 6-9장의 브레넌과 배치되는 얘기를 해서는 안 된다. 1장에서 브레넌은 '철인 정치'를 제안한 플라톤이 "최근 (……) 되살아났다"고 반기지만, 『민주주의에 반대한다』에서 브레넌은 때로 소크라테스보다는 소피스트에 가까운 논증 전략을 구사한다.

소피스트들은 여러모로 당대 최고의 두뇌들이었고, 브레넌 역시 그 지력을 의심받을 이유는 없는 학자이다. 그런데도 『민주주의에 반대한다』가 이처럼 여러 약점을 드러내는 것은, 에피스토크라시 지지자들이 찾는 정치적 현자의 출현이 얼마나 어려운지를 보여 주는 일례이다. 서리북

송지우
본지 편집위원. 정치철학, 법철학, 인권학의 교집합에 있는 문제를 주로 연구한다.

📖 이 책에 실린 『대의정부론』은 에피스토크라시 전통의 중요한 전거라 할 수 있는, 지식과 분별력에 따른 '복수투표제' 제안이 담긴 텍스트이다. 『대의정부론』에서 존 스튜어트 밀은 정치 공동체 구성원 모두에게 한 표씩의 참정권을 주되, 더 뛰어난 분별력이나 우수한 지력을 갖춘 이들에게 추가 투표 기회를 주자고 제안한다. 분별력과 지력은 직업이나 교육 수준 등으로 파악하는데, 이때 핵심적으로 중요한 선결 조건이 신분, 재력 등에 따른 구별이 없는 교육 기회의 평등이다.

『존 스튜어트 밀 선집』
존 스튜어트 밀 지음
서병훈 옮김
책세상, 2020

📖 민주주의가 곧 대의민주주의라는 흔한 전제에 도전하는 급진적·대안적 민주주의 이론의 중요한 텍스트이다. 버나드 마넹의 선도적 연구를 뒤이어 다양한 형식의 추첨제 및 참여, 직접 민주주의 실험에 관한 이론과 경험 연구가 진행되어 왔으며, 그 결과들은 꾸준히 정치학 학술지에 논문으로 등장하는 추세이다.

『선거는 민주적인가』
버나드 마넹 지음
곽준혁 옮김
후마니타스, 2004

# 어떻게 민주주의는 무너지는가

## 우리가 놓치는 민주주의 위기 신호

스티븐 레비츠키·대니얼 지블랫 지음
박세연 옮김

어크로스

『어떻게 민주주의는 무너지는가』
스티븐 레비츠키·대니얼 지블랫 지음, 박세연 옮김
어크로스, 2018

# 무너지는 민주주의를 선거로 구할 수 있을까?

유정훈

**선거의 해, 2024년**

2024년은 민주주의 사상 최대의 선거의 해로 꼽힌다. 60여 개국에서 대선 또는 총선이 예정되어 있고, 올해 선거를 치르는 국가의 인구 또는 국내총생산을 합치면 전 세계의 절반 이상에 해당한다. 《워싱턴포스트》에 따르면 2048년까지는 이에 필적할 해가 오지 않을 것이라고 한다.*

여기에 관심이 집중되는 이유는, 단순히 많은 나라에서 선거를 치르거나, 미국이나 러시아 같은 강대국, 인도나 인도네시아 같은 규모가 큰 나라에서 선거가 있기 때문은 아니다. 한국의 국회의원 선거, 대만의 총통 선거 또는 미국의 대통령 선거처럼 우리에게 직간접적 영향을 미칠 선거가 있기 때문만도 아니다.

세계 곳곳에서 선거가 실시되지만 이를 민주주의의 승리라고 평가하기 어려운 현실이 이런 관심을 불러왔다. 선거를 통해 인

---

* Ishaan Tharoor, "2024 brings wave of elections with global democracy on the ballot", *The Washington Post*, January 3, 2024, https://www.washingtonpost.com/world/2024/01/03/2024-elections-us-eu-portugal-austria-bangladesh-india-south-africa-indonesia-mexico-taiwan/.

권, 평등 같은 가치가 증진되는 것이 아니라 오히려 민주주의가 후퇴하는 사례가 많고, 나아가 이것은 일시적 혹은 국지적 현상이 아닌 지속적 경향으로 보인다. 3월에 예정된 러시아 대선을 실제 후보들이 경쟁하는 선거라고 여기는 사람이 있을까? 도널드 트럼프 개인에 대한 입장 차이를 떠나, 대선 패배에 불복하고 선거 부정론을 고수했던 그가 다시 대통령으로 당선될 가능성이 상당한 현실을 보면 그런 선거 제도 자체에 대해 당연히 회의가 들지 않을까?

## 선거로 시작되는 민주주의 붕괴

이런 상황에서, 선거로 시작되는 민주주의 붕괴라는 현상을 다룬 『어떻게 민주주의는 무너지는가』는 시의적절하다. 지금은 가령 1973년 9월 칠레에서 아우구스토 피노체트가 이끄는 군부가 살바도르 아옌데 정부를 전복한 것 같은 폭력적인 방식의 권력 장악은 드물게 되었다. 대부분의 국가에서 선거를 치르지만 민주주의의 붕괴가 많은 경우 선출된 지도자에 의해 이루어진다는 문제의식에서 이 책은 출발한다.(9쪽, 11-12쪽)

저자들은 하버드대 교수로 재직 중인 정치학자다. 스티븐 레비츠키는 민주주의와 권위주의, 라틴아메리카 정치에 대해, 대니얼 지블랫은 19세기 이후 유럽의 민주주의와 권위주의에 대해 연구해 왔다. 이런 연구 이력을 반영하듯, 미국 정치를 본격적으로 논하기에 앞서 1장부터 4장에 걸쳐 유럽, 남미, 아시아에 있는 여러 국가에 관해, 선출된 지도자가 민주주의의 약화 내지 소멸을 가져온 다양한 사례를 소개한다. 이에는 아돌프 히틀러에게 정권을 내준 바이마르 공화국부터 헝가리의 빅토르 오르반이나 튀르키예의 레제프 에르도안 같은 최근의 일까지 포함된다.

스티븐 레비츠키(왼쪽)와 대니얼 지블랫(오른쪽). ⓒStephanie Mitchell

　　저자들은 단순한 사례 열거에 그치지 않고 정치사에 대한 관찰과 분석을 근거로 합법적 수단을 통해 민주주의가 전복될 때 나타나는 현상을 설명하고, 정치 지도자에게 독재자가 될 잠재력이 있는지 알려 주는 경고 신호를 네 가지로 정리한다. 구체적으로, 첫째, 민주주의 규범에 대한 거부 혹은 규범 준수에 대한 의지 부족, 둘째, 정치 경쟁자에 대한 부정, 셋째, 폭력에 대한 조장이나 묵인, 넷째, 언론 및 정치 경쟁자의 기본권을 억압하려는 성향이 그것이다.(30-33쪽)

　　전제주의로 향하는 네 가지 징표를 트럼프에 적용하는 부분을 보면,(85쪽) 이미 벌어진 일을 예리하게 분석했을 뿐만 아니라 그 이후 트럼프의 행보를 높은 정확도로 예고했다는 점을 알 수 있다. 잠재적 독재자의 징표를 한국 또는 다른 국가에 대해, 과거 혹은 현재의 정치 상황에 적용해 보더라도 대체로 수긍할 수 있다. 각각의 요소가 민주주의 파괴와 어느 정도의 연관성이 있는지, 그

외의 다른 요소는 없는지 학술적으로 더 논의해 볼 수도 있겠지
만, 일반적인 독자 혹은 유권자에 대한 안내로는 기존의 서술로도
충분하다.

## 민주주의 붕괴 일반론이 아닌, 2018년 미국에 대한 분석

그러나 저자들은 선거를 통해 민주주의가 붕괴하는 현상에 대한
일반론을 제시하려고 의도하지는 않았다. 독자들은 이 책이 대상
으로 하는 특정 국가와 시점을 고려해야 이를 정확하게 이해할 수
있다.

　우선 이 책은 저자들의 나라인 미국 얘기다. 저자들은 새로운
형태의 전체주의를 살펴보고 있으며 민주주의가 어떻게, 그리고
왜 죽어가는지는 해결해야 할 과제라고 하면서도, "여기서는 우리
가 살고 있는 나라, 즉 미국의 사례에 주목하고자 한다"라고 서문
에서 밝혔다.(6쪽) 전반부에 나오는 선출된 지도자가 민주주의를
무너뜨린 사례에 대한 분석은 결국 미국 정치, 특히 트럼프 이후의
미국 민주주의를 논의하기 위한 출발점이다. 저자들이 2016년
12월 16일 《뉴욕타임스》에 기고한 「트럼프는 민주주의에 대한
위협인가?」라는 칼럼이 100만 회 이상의 조회수를 기록하며 화
제가 된 일이 이 책의 태동이라는 점을 고려하면 당연한 귀결로 보
인다.*

　다음으로 출간 시점이 2018년 1월, 즉 트럼프가 대통령에
취임한 지 약 1년밖에 지나지 않은 때라는 점을 염두에 두어야 한
다. 저자들은 트럼프 이후 정치에 대한 전망을 세 가지로 제시하는

---

* Steven Levitsky and Daniel Ziblatt, "Is Donald Trump a Threat to Democracy?", *The New York Times*, December 16, 2016, https://www.nytimes.com/2016/12/16/opinion/sunday/is-donald-trump-a-threat-to-democracy.html.

2021년 1월 6일, 도널드 트럼프 전 대통령의 지지자들로 구성된 군중이 미국 국회의사당을 점거한 모습.(출처: 위키피디아)

데,(261쪽) 그중에는 트럼프가 정치적 실패를 겪고 민주주의가 회복되는 시나리오도 있다. 그러나 지금 우리는 트럼프의 2020년 대선 패배가 2021년 1월 6일 국회의사당 폭동이라는 초유의 사태로 이어졌고, 그럼에도 올해 대선에서 그의 당선 가능성이 상당히 높다는 사실을 알고 있다. 트럼프의 전제주의적 행태에 대한 지적에 공감하면서도 '지금 와서 무슨 소용이 있나, 이미 그보다 더한 짓도 했는데'라는 회의가 들기도 한다.

## 불법만 아니면 괜찮다? 미국의 경험, 하지만 어디나 비슷한 현실

이런 면을 고려해도, 이 책은 민주주의를 염려하는 독자라면 읽어볼 가치가 있어 추천한다. 미국에서 민주주의가 유지되어 온 이유 그리고 그것이 더 이상 통하지 않게 된 원인에 대한 분석이 현실에 부합할 뿐만 아니라, 그런 현상과 분석이 남의 나라 얘기만은 아니기 때문이다.

5장과 6장은 명시적 규칙과 시스템 외에 성문화되지 않은 규범이 정치적 갈등을 완충하고 민주주의를 보호하는 데 수행한 역할을 다룬다. 그런 민주주의 규범 중 핵심은 '상호 관용'과 '제도적 자제'다. 상호 관용이란 권력을 다투는 경쟁자가 존재하지만 사회를 통치할 동등한 권리를 가진다는 사실을 서로 인정하는 것으로서, 결국 다른 의견을 인정하는 집단 의지를 말한다.(133쪽) 제도적 자제는 법적 권리를 신중하게 행사하고 제도적 특권을 극한까지 활용하려 들지 않으며, 법의 형식적 준수는 물론이고 실질적 입법 취지 역시 훼손하지 않는 자세를 말한다.(137쪽)

이를 전제로 7장(규범의 해체가 부른 정치적 비극) 및 8장(트럼프의 민주주의 파괴)에서, 민주주의 규범이 어떤 식으로 무너졌는지, 특히 버락 오바마 정부 이후 당파적 대립이 극대화되며 정치가 실종된 현실을 다루고 트럼프의 행태가 어떻게 민주주의를 결정적으로 파괴하는지 비판한다. 이 부분은 반드시 민주주의 붕괴라는 관점으로 읽지 않아도, 미국 현대 정치의 주요 사건 및 변곡점에 대한 이해라는 측면에서도 탁월하다.

'불법만 아니면 괜찮다'는 식으로 불문 규범을 무시하는 행태가 늘어나면 민주주의는 제대로 작동하기 어렵다. 정치에서 불법만 아니면 무엇이든 할 수 있다는 태도는 바로 상대 진영과의 공존을 받아들이지 못하는 데서 비롯되고, 이는 민주주의 규범의 핵심인 상호 관용과 제도적 자제가 모두 무너졌음을 의미한다. 이 부분을 읽어 나가면 지금 한국 정치의 현실도 크게 다르지 않다는 생각을 하게 된다.

## 미국의 모든 문제는 인종차별로 통한다?

그런데 민주주의 규범의 형성, 유지와 붕괴에 관해 좀 더 깊이 들어가면, 저자들의 분석은 역시 미국 특유의 이슈에 초점이 맞추어져 있다.

이 책은 미국 민주주의를 지켜 온 규범이 인종차별을 전제로 했다는 불편한 진실을 에두르지 않고 지적한다. 미국의 모든 문제가 인종차별로 환원된다는 단순 논리는 물론 아니고, 미국 정치에 관심을 가지고 살펴 왔던 사람이면 수긍할 수 있는 서술이다. 미국 정치의 양극화에 다른 요인이 작용했을 가능성도 있지만, 인종 문제가 끼친 결정적인 영향을 부정하기는 어렵다.

미국의 민주주의 규범은 인종차별에 의존해 왔다.(181-182쪽) 남북전쟁 이후 노예 해방이 이루어졌지만 재건 시대를 거치며 남부를 시작으로 흑인의 권리를 억압하는 조치가 용인된다. 백인만의 영역인 정치, 소수 인종이 배제된 공간에서 민주당과 공화당은 서로의 존재 자체를 위협으로 여기거나 무슨 수를 써서라도 이겨야 할 상대로 생각할 필요가 없었다.

하지만 인종차별에 의존한 규범은 인종차별이 해소되면 그 기초가 흔들린다. 저자들은 "미국 사회가 완전히 민주화된 것은 1965년"(259쪽)이라고 단언하는데, 1964년 민권법 및 1965년 투표권법이 시행되며 흑인의 기본권이 비로소 현실화되었기 때문이다. 이는 미국 민주주의를 모든 인종을 포괄하는 온전한 민주주의로 바꾸어 놓았지만, 그동안 이어져 내려온 민주주의 규범에는 과제를 안겼다.

이를 설명하는 부분(210-216쪽)은 이 책의 핵심이라 할 수 있는데, 미국에 특유한 문제라 저자들의 분석을 주의 깊게 따라갈 필요가 있다. 민권법 및 투표권법에 대한 입장에 따라 유권자 집단이 근본적으로 재편되고, 이에 따라 입법을 주도한 민주당과 이에 반대한 공화당은 양극화의 길을 걷는다. 공화당은 백인, 남부 및 중부, 개신교 세력을 기반으로 하는 정당, 민주당은 소수 인종, 북동부 및 서부 해안 지역, 사회·경제적 리버럴의 정당이 된다. 예컨대 백인 개신교 민주당원은 찾아보기 어렵고 흑인 공화당원은 상상하기 어려운 식으로 정치적 양극화가 심화되고, 상대 당의 당원 또는 지지자와는 결혼을 꺼릴 정도로 정당 자체가 정체성이 되면, 다른 진영과의 공존은 받아들이기 어려운 현실이 되고 민주주의 규범은 옛이야기가 되고 만다.

## 후속작은 누가 어떻게 쓸 것인가

그래서 무너지는 민주주의를 어떻게 해야 하나. 마지막 9장의 제목은 '민주주의 구하기'이지만 명확한 해답을 내놓지는 않는다. 그러나 다른 나라와 마찬가지로 경제적·정치적 양극화가 심화되고 민주주의가 위협받는 현실에서, 미국이 해법을 찾아가야 할 지점은 명확하게 제시한다.

> 미국 민주주의 규범의 핵심은 지금까지 면면히 이어져 내려왔다. 그러나 역사의 많은 시간 동안 인종차별과 함께했고, 또한 그것 때문에 유지될 수 있었다. 이제 그 규범이 인종 평등과 전례 없는 민족 다양성 시대에서도 제대로 기능하도록 만들어야 한다. 지금까지 다민족을 기반으로 한 진정한 민주주의 사회는 없었다. 그것은 이제 미국 사회의 도전 과제로 남았다.(289쪽)

목표는 인종 평등을 전제로 다양한 인종이 공존하는 민주주의다. 이를 위해 정치적·경제적 양극화 해소를 추구하되, 어렵겠지만 트럼프가 대변하는 백인 노동자 계층 그리고 민주당이 대변해 온 소수 인종 집단을 아우르는 방식으로 해야 한다는 것이 마지막 장의 결론이다.(285-288쪽) 민주당이 백인 노동자의 표를 얻으려고 그들의 요구에만 반응하면 공화당을 닮아 가게 될 뿐이라 결국 선거에 이길 수도 없고 가치도 잃는다는 것이다.

미국에서나 한국에서나, 백인 저학력 노동자, 복음주의자, 20대 남성, 20-30대 여성, 노년층 같은 특정 지표에 따라 유권자를 구별하고, 그렇게 설정된 특정 그룹만을 대상으로 하는 정치적 메시지를 내면 동시에 다른 그룹의 반발을 불러와 정치적 갈등이 심화되는 경우가 많다. 그런 면에서, 저자들이 마지막 부분에서 하는 제안은 평범해 보이면서도 사실 과감하고, 이 책을 끝까지 따라간 보람을 느끼게 하는 내용이다.

한편, 진정한 다민족 민주주의의 실현이라는 의제가 한국의 현실과 관련이 있는지 의문이 들 수도 있다. 이런 의구심에 대해서는, 저자들이 유럽과 남미의 권위주의와 민주주의에 대한 연구 이력을 바탕으로 일반 이론을 제시하겠다며 나서지 않고, 미국이 직면한 문제와 해법에 집중한 점이 오히려 신뢰를 더한다고 답할 수 있겠다. 만능의 해법을 섣불리 찾기보다 자기 앞에 놓인 문제에 대한 해답을 성실하게 찾아 나가는 모습에서 배울 점이 더 많고, 그런 태도가 이 책의 장점이다.

이 책의 원제는 '어떻게 민주주의들은 죽는가(How Democracies Die)'이다. '민주주의들(Democracies)'이라는 복수형은 단일한 이념형으로서의 민주주의가 아니라 각국에서 형성된 다양하고 구체적인 민주주의를 시사한다. 그렇다면 실제의 문제와 해답은 정치 공동체마다 다른 것이 당연하다.

저자들은 민주주의 붕괴에 관한 문제의식을 이어나가 2023년

9월에 『소수파의 폭정(*Tyranny of the Minority*)』이라는 책을 냈다.* 신간은 미국 헌법과 제도하에서 일부 비타협적 소수가 다수에 의한 결정과 통치를 좌절시키는 문제를 다룬다. 예컨대 트럼프가 일반투표에서 이길 가능성이 없음에도 대통령에 당선될 수 있는 선거인단 제도를 떠올리면 그 문제의식을 짐작할 수 있을 것이다.

　미국의 유권자이자 정치학자인 저자들은 이렇게 자신들의 후속작을 내놓았다. 자기 나라의 민주주의를 구하기 위한 해법이 궁금하다면, 이 책이나 저자들에 대한 아쉬움으로 남길 것이 아니라 각자의 나라에서 현실에 맞추어 문제를 찾고 답을 내면 될 일이다. 올해 임박한 수많은 선거들을 생각하면 누군가 글로 정리하기에 앞서 유권자들이 투표소에서 행동으로 먼저 써 내려가야 할지도 모르겠다. 서리북

---

* Steven Levitsky and Daniel Ziblatt, *Tyranny of the Minority: Why American Democracy Reached the Breaking Point*(Crown, 2023).

유정훈
본지 편집위원. 변호사. 《경향신문》에 매달 '정동칼럼'을 기고하고, 온라인 매체 《피렌체의 식탁》에는 주로 미국 정치와 연방대법원 사건을 소재로 글을 쓰고 있다.

📖 미국과 유럽을 오가며 활동하는 언론인이자 연구자 앤
애플바움이 권위주의로 흐르는 서구 사회를 분석했다.
공산주의 체제하에서 민주화 투쟁을 했던 사람을 포함하여
다양한 경로를 밟은 정치인들이 결국 권위주의에 이끌리는
현상을 다루는데, 선거로 권위주의 정권이 들어섰던
폴란드의 사례가 더욱 생생하다.

"우리는 국가에 대한 매혹적인 대안들이 우리에게 손을 뻗쳐
올 것이라는 사실을 항상 알고 있거나 알아차렸어야만 했다.
그러나 어둠을 가로질러 조심스레 발걸음을 내디디며 함께
힘을 합치면, 그 매혹적인 대안들에 저항할 수 있다는 사실을
깨닫게 될 것이다."—책 속에서

『꺼져가는 민주주의
유혹하는 권위주의』
앤 애플바움 지음
이혜경 옮김
빛소굴, 2021

📖 예일대 교수인 역사학자 티머시 스나이더는 러시아와
동유럽 국가 간의 관계, 홀로코스트 문제에 천착해 왔다.
러시아 제국의 부활을 꿈꾸는 푸틴의 야망 그리고 트럼프와
러시아의 관계를 주로 다루지만, 지금의 현실 정치 문제에
한정되지 않고 역사학자의 관점에서 민주주의의 약점을
파고들며 확산되는 권위주의를 추적하여 고발한다.

"이 책은 역사적 시간을 위해 현재를 되찾고, 더 나아가
정치를 위해 역사적 시간을 되찾으려는 하나의 시도이다.
그러려면 사실 자체가 의문시되는 시대에 러시아에서
미국에 이르기까지 우리 당대의 세계사에서 상호 연결된
일군의 사건들을 이해하려고 노력해야 한다."—책 속에서

『가짜 민주주의가 온다』
티머시 스나이더 지음
유강은 옮김
부키, 2019

# 민주주의 공부

## Democracy Rules

δημοκρατία

demos

kratos

개나 소나
자유 평등 공정인 시대의
진짜 판별법

"내 앞길은 몰라도 민주주의는 알아야 합니다"

윌북 ●  얀-베르너 뮐러 지음 | 권채령 옮김 ✖

『민주주의 공부』
얀-베르너 뮐러 지음, 권채령 옮김
윌북, 2022

# 차별 없는 차이의 인정:
# 민주주의에 정답은 없다

## 하상응

정치에 관심이 없는 사람들에게도 최근 민주주의 국가들이 위기를 겪고 있다는 이야기는 낯설지 않다. 제2차 세계대전 이후 형성된 자유민주주의 진영과 공산주의 진영 간 대립 구도가 1990년대 초 민주주의 진영의 승리로 마무리될 때까지만 해도 민주주의에 대한 신뢰는 더없이 높았다. 하지만 그로부터 30여 년이 지난 지금, 민주주의에 대한 믿음은 눈에 띄게 약화되었다. 민주주의 경험이 일천한 나라에서 쿠데타가 일어나 권위주의로 회귀하는 사건은 어제오늘의 일이 아닐 수 있지만, 공정한 선거를 통해 당선된 정치인들(예를 들어 헝가리의 빅토르 오르반, 튀르키예의 레제프 에르도안 등)이 민주주의 정치 체제를 권위주의적으로 운영하는 경우는 독일의 아돌프 히틀러 이후 한동안 상상하기 어려웠던 일이다. 도대체 왜, 하필 지금 민주주의는 위기를 겪고 있는가?

사실 이 질문에 대해 정치학자들과 평론가들이 공통적으로 제시하는 답이 있다. 우선 자유무역이 확산됨에 따라 선진국 내 경제 불평등이 증가한 것을 하나의 이유로 댄다. 선진국 내 제조업계가 외국의 싼 노동력에 의존하게 되면서 일자리를 잃은 노동자들이 자신의 목소리를 대변하지 못하는 민주주의 정치 과정에 의구심을 갖게 되었다는 말이다. 이민자의 유입으로 인한 국가 정체성 위기가 또 하나의 이유이다. 인종, 종족, 종교, 언어가 다른 이민자들이 정착함에 따라 필연적으로 일어나는 어색함과 불편함이 극우 정당의 등장으로 이어져 민주주의 운영에 장애가 된다는 것이다. 마지막으로 미디어 환경의 변화에 따른 확증 편향과 양극화의 심화를 들 수 있다. 다양한 정보의 생산 및 교환 채널이 확산됨에 따라 자신의 입장과 다른 의견에 노출되는 경우가 점점 줄고 있는 상황이다. 이에 사람들은 점점 진영 논리에 매몰되어 타협과 설득이 불가능한 상황에 이르게 된다. 민주주의의 핵심 운영 원리가 다양한 이해관계의 조정 및 타협이기 때문에 이러한 미디어 환경의 변화가 가져온 부작용은 실로 심각하다.

이렇듯 민주주의 위기의 원인이 무엇인지에 대한 합의는 있다. 문제는 민주주의 회복을 위한 뾰족한 처방을 마련하지 못하고 있다는 것이다. 경제 불평등, 정체성 위기, 확증 편향이라는 문제를 해결하기 위해서는 거시적인 정책의 변화가 필요하다. 구체적으로 말해 효과적인 재분배 정책, 보편적인 지지를 받는 다문화 정책, 표현의 자유를 침해하지 않는 선에서의 언론 개혁이 요구된다. 그러나 민주주의 제도에 대한 신뢰가 높지 않은 상황에서 이러한 야심 찬 입법이 성사될 리가 없다. 이것이 현재 민주주의의 위기를 겪는 국가들이 마주한 딜레마다.

안타깝지만 정치철학자 얀-베르너 뮐러의 책 『민주주의 공부』도 민주주의 위기를 어떻게 극복할 수 있는지에 대해 이야기해 주고 있지 않다. 대신 민주주의 회복의 실마리를 찾는 과정을 의식의 흐름에 따라 (즉, 단순명쾌한 체계 없이) 기술하고 있을 뿐이다. 따라서 빠른 처방을 원하는 사람들을 만족시킬 수 있는 책은 아니

다. 역설적으로 빠른 처방이 마련되지 못하는 이유를 확인하기에
는 알맞은 책일 수 있다. 과도한 단순화의 위험을 무릅쓰고 저자의
핵심 주장을 한마디로 정리하자면, '민주주의는 법의 논리가 아닌,
정치의 논리로 회복해야 한다'는 것이다. 이 주장은 첫째, 민주주
의의 기본 원칙인 자유와 평등의 의미, 둘째, 민주주의의 변형이지
만 권위주의 친화적인 포퓰리즘의 의미, 셋째, 민주주의의 퇴행을
막기 위해 필요한 전투적 민주주의와 시민 불복종의 의미를 순차
적으로 검토하는 과정에서 이해할 수 있다.

## 민주주의의 기본 원칙: 자유와 평등

민주주의의 기본 원칙이 자유와 평등이라는 주장은 전혀 새롭지
않다. 너무도 뻔해 보이고 익숙한 개념이기는 하지만, 자유와 평등
이 각각 무엇을 의미하는지를 물었을 때 명확히 설명할 수 있는 사
람은 많지 않을 것이다. 우선 자유와 평등이라는 민주주의 기본 원
칙이 한 나라 국민의 다양성을 전제로 한다는 사실을 기억해야 한
다. 국민의 다양성이라 함은 인종, 종교, 민족 다양성만을 의미하는
것이 아니다. 사회경제적 지위의 차이, 장애 여부, 세대, 성별 등이
모두 국민의 다양성을 구성하는 요인들이다. 개인은 각자 나름의
개성을 갖고 있고, 각자 나름의 준거 집단에 일체감을 느끼고, 주어
진 환경에 나름대로 적응하면서 일상생활을 영위한다.

　　민주주의의 기본 원칙인 자유는 개인의 삶이 방해를 받아서
는 안 된다는 내용을 담고 있다. 동시에 어떤 개인의 행동이 다른
개인의 자유를 침해해서는 안 된다는 내용도 담고 있다. 흔히 자유
는 국가 권력으로부터의 개인의 자유만을 의미한다고 착각하는
경향이 있다. 물론 국가가 개인의 집회와 결사의 자유 또는 표현의
자유를 제한하는 경우는 이에 해당한다. 그러나 민주주의 정치 체

제를 갖춘 국가는 개인의 자유를 증진하기 위해서 개입하는 경우
도 있다. 예를 들어 혁신적인 아이디어를 구현하는 개발자의 시장
진입을 돕기 위해 독과점을 규제하는 것은 개발자의 자유를 보장
하는 조치이다. 마찬가지로 차별받는 성소수자의 권리를 보호하
는 국가의 규제 역시 성소수자의 자유를 증진시키는 조치이다. 그
런데 특정 개인의 자유 보장은 다른 개인의 자유 침해로 이어질 가
능성이 있다. 저자의 말대로 "자유가 보장된 사회에서 갈등은 피
할 수 없다."(217쪽) 이러한 고차방정식을 푸는 작업이 정치인들에
게 요구된다.

　　민주주의의 또 다른 기본 원칙인 평등은 국민 개개인이 동등
하게 존중받아야 함을 의미한다. 여기서 동등함이란 개인의 능력,
신분, 필요 등과 상관없이 똑같이 대한다는 말이다. 예를 들어 대부
분의 민주주의 국가에서 유권자 한 명이 한 표만을 행사하는 원칙
을 고수하는 것 혹은 법 앞에 만인은 평등하다는 원칙을 존중하는
것이 바로 평등 원칙이 실현되는 경우다. 정치에 관심이 많고, 정치
를 잘 이해하고, 세금도 더 많이 내는 사람이 한 표 이상 행사할 수
없다는 주장에 이의를 달 사람은 없다. 마찬가지로 소득 수준이 높
고, 인맥이 화려하고, 국가에 기여한 바가 많은 사람이 범법 행위를
저질렀을 때 관대한 처우를 받아서는 안 된다는 주장에 이의를 달
사람은 없다.

　　자유와 평등 원칙에 기반한 민주주의가 운영되는 나라에서
는 '차별 없는 차이의 인정(recognition of differences without discrimination)'
이 구현되는 사회를 지향점으로 삼는다. 정부가 특정 집단을 다른
집단에 비해 우대하는 행위는 용납되지 않는다. 가난하다는 이유
로 의견이 묵살되어서는 안 되고, 공부를 못한다는 이유로 발언권
을 빼앗겨서는 안 되며, 무엇보다 정치적 의견이 다르다는 이유로

탄압을 받아서는 안 된다. 보수 정당을 지지하건 진보 정당을 지지하건 그냥 서로 다른 방식으로 나라 걱정을 하는 사람들인 것이다. "민주주의의 약속은 우리 모두가 뜻을 하나로 모으겠다는 것이 아니다."(65쪽) '우리는 서로 다르면서 평등하다'는 인식을 공유하는 것이 중요하다. '너는 우리나라 국민이 아니다' 혹은 '너는 이러저러한 이유로 (일등 국민이 아니라) 이등 국민이다'라는 뉘앙스의 담론이 정치권에 확산된다면 민주주의는 이미 망가지고 있는 것이다. 그리고 이렇게 망가져 가는 민주주의는 포퓰리즘의 양태를 띤다.

## 포퓰리즘은 어떻게 민주주의를 훼손하는가?

저자는 이미 이전 저작*에서 포퓰리즘에 대해 자세히 논의한 바가 있다. 민주주의라는 개념을 정의하기가 어렵듯, 포퓰리즘 개념 역시 정의하기 매우 어렵다. 그렇기 때문에 포퓰리즘은 오용 및 남용의 위험성이 높은 개념인데, 특히 한국에서는 정치인 및 정당의 선심성 공약을 포퓰리즘으로 지칭하는 경향이 있어서 정치학자들을 당혹스럽게 만든다. 포퓰리즘은 선심성 정책을 의미하지 않는다. 민주주의의 왜곡된 형식인 포퓰리즘은 특정 정책들의 총합으로 간주하기 어려운 고유의 의미를 갖는 개념이다.

    포퓰리즘은 일부 국민들이 자신이 품고 있는 정치적 불만을 모든 국민들이 공유하고 있다고 착각하여 그 불만 해소를 공약으로 내세운 신예 정치인을 지지하는 운동 혹은 이념을 의미한다. 문자 그대로 해석해 보면 포퓰리즘은 민주주의와 밀접히 연결되어 있다. 다양한 국민들의 목소리를 반영하여 정책을 만들다 보면, 일부의 목소리가 더 많이 반영되는 경우가 일반적이다. 그렇기 때문

---

\* 얀-베르너 뮐러, 노시내 옮김, 『누가 포퓰리스트인가』(마티, 2017).

저자는 전작에 이어 『민주주의 공부』에서도 포퓰리즘을 주요하게 다룬다.
(출처: rhizomemedia.co)

에 자신의 의견이 입법 과정에 잘 반영되지 않는다는 불만을 품는 국민들이 존재하는 현상은 자연스러운 일이다. 포퓰리즘과 민주주의가 갈라지는 부분은 바로 이 불만이 모든 국민들에 의해 공유되고 있다는 착각부터다. 이러한 잘못된 믿음은 자신의 불만을 공유하지 않는 일부 국민들을 '진정한 국민'으로 취급하지 않는 행동을 낳게 되어 배제와 차별을 정당화하는 논리로 발전한다. 예를 들어 이슬람계 이민자들의 유입에 불만을 품은 사람들이 그 불만을 공유하지 않는 사람들을 동등한 국민으로 여기지 않는 행위, 여성에 비해 남성의 권리가 존중되지 않고 있다고 불만을 표현하는 사람들이 그렇지 않다고 생각하는 사람을 동등한 국민으로 존중하지 않는 행위 등이 포퓰리즘의 꽃을 피우는 씨앗이 된다.

　포퓰리즘이 발아하면 배제와 차별의 논리가 정치권에 자리 잡게 된다. 일부 국민들의 지지를 등에 업고 선출된 포퓰리스트 정치인은 지지자들의 불만을 해소하는 정책을 펴려고 한다. 이 정책을 지지하지 않는 사람은 '진정한 국민'이 아니기 때문에 배척 대상이 된다. 혹시라도 정부의 정책에 대한 지지율이 낮다는 여론조사 결과가 나온다면, '침묵하는 다수'의 의견을 반영하지 못했다는 이유로 조사의 신뢰도에 의구심을 제시한다. 혹시라도 국회의원 선거 혹은 지방 선거에서 패배하면 부정 선거 의혹을 제기한다. 저자가 명확히 지적하는 바와 같이 포퓰리스트 정치인에게는 "결과에 그 어떤 불확실성도 존재해서는 안 된다."(39쪽) 포퓰리스트 정치인은 자신과 입장을 같이하는 사람들과 그렇지 않은 사람들을 명확히 구분한다. 포퓰리즘이 진영 논리와 맞물리는 부분이 바로 이 지점이다. 결국 민주주의의 불문율인 다양성 존중은 폐기된다. 표현의 자유는 제한되고 평등 원칙 역시 훼손된다. 포퓰리스트 정치인과 함께하는 '일등 국민'과 그에 동조하지 않는 '이등 국민'으로 나뉘기 때문이다.

## 전투적 민주주의와 시민 불복종

포퓰리즘은 민주주의의 변형이지만 완전히 다른 모습을 갖는다. 포퓰리즘이 민주주의의 연장선상에 놓이는 이유는 포퓰리스트 정치인이 정상적인 민주적 절차에 의거하여 권력을 잡기 때문이다. 민주적 절차를 깡그리 무시하고 권력을 쟁취하고 유지하는 권위주의와 구분되지만, 포퓰리스트 정치인의 국정 운영은 오히려 권위주의의 그것과 유사하다.

　　민주주의는 다양성을 전제로 하기 때문에 영원한 승자도 없고 영원한 패자도 없다는 인식과 맞물려 돌아간다. 정치에 정답은 없고, 여러 가능한 답들 중에서 주어진 맥락과 환경에 적합한 답을 선택하는 작업이 민주주의 국가의 정치인이 해야 하는 일이다. 정기적으로 수행되는 선거는 '가치와 이념의 자유 시장'이다. 유권자는 선거 때 여러 선택지(정당 혹은 정치인)를 놓고 판단한다. 그리고 선거 결과와 상관없이 나와 다른 선택을 한 상대방의 목소리에 귀를 기울여야 한다. 지금은 이겼지만 다음 선거에 질 수도 있고, 지금은 졌지만 다음 선거에 이길 수도 있기 때문이다. 민주주의 정치 체제에서 각 정치 진영은 상대 진영을 절멸의 대상이 아니라 경쟁의 대상으로 여긴다. 상대가 만든 법이라고 해도 그 법을 따르겠다는 태도, 우리가 졌다고 해서 민주주의 체제 자체를 폄하하지는 않겠다는 태도, 그리고 무엇보다 다음 선거에서 국민의 뜻을 잘 읽고 설득하여 승리하겠다는 태도가 민주주의 국가에서 서로 다른 정당들이 경쟁하는 방식이다. 이것을 저자는 "충실한 반대(loyal opposition)"(86쪽)라고 표현한다.

앞에서 언급한 바와 같이 포퓰리즘이 득세한 상황에서는 충실한 반대가 설 땅이 없다. 포퓰리스트 정치인과 그 지지자들에게 불확실성은 존재하지 않는다. 자신의 진영이 국민의 진정한 뜻을 정확히 꿰뚫고 있는데 어떻게 선거에서 질 수 있겠는가? 자신의 진영만이 정답을 알고 있으니 이에 이견을 다는 사람들은 우리나라 국민이 아니라고 볼 수 있지 않을까? 정답을 정확하고 신속하게 정책으로 옮겨야 하니 우리 편이 아닌 공무원들은 물러나야 할 것이다. 침묵하는 다수의 목소리에 저항하는 사람들은 법을 엄격히 적용해 다스려야 할 것이고, 이를 위해 사법부의 정치적 중립 원칙도 재고되어야 할 것이다. 언론 역시 단 하나의 정제된 의견만을 국민들에게 제공해야 한다. 여당의 발목을 잡는 언론 보도는 모두 가짜 뉴스다. 이것이 포퓰리스트 정치인이 권력을 휘두르는 방식이다. 다양성은 사라지고 획일성만 남는다.

민주주의가 포퓰리즘으로 퇴행하는 것을 막는 논리와 행동이 역사적으로 없었던 바 아니다. 이 맥락에서 저자는 전투적 민주주의(militant democracy)와 시민 불복종(civic disobedience)에 대해 자세히 논의한다. 전투적 민주주의란 민주주의 정치 제도를 훼손하려는 정치인 혹은 정당으로부터 민주주의를 보호하기 위해서는 그들의 정치권 진입을 적극적으로 막아야 한다는 주장이다. 전후 독일에서 나치당의 실질적인 후계 정당이 1953년 법에 따라 해산된 경우가 전투적 민주주의의 좋은 예다.(194쪽) 그리고 (아마도 논란의 여지가 많겠지만) 우리나라에서 2014년 통합진보당이 헌법재판소 결정에 의해 해산된 경우도 전투적 민주주의 논리의 연장선상에서 설명될 수 있을 것이다. 한편 시민 불복종이란 포퓰리즘으로 퇴행하는 정치권에 저항하기 위해 불법 행위까지 감행하는 적극적인 정치 참여를 의미한다. 1960년대 미국의 민권 운동의 예와 같이 비폭력 운동이라는 전제하에 설득력을 갖는 논리이다. 그런데 전투적 민주주의의 배제 논리와 포퓰리즘의 배제 논리는 어떻게 구분되는가? 시민적 불복종이란 필연적으로 현행법을 위반하는 불법 행위일 수밖에 없는데 어떻게 정당화될 것인가? 저자는 이러한 질문에 대한 명확한 해답을 제공해 주지 않는다. 이러한 열린 질문에 대한 답을 찾는 작업은 독자들의 몫이다. 이 순간 단 하나의 정답을 찾아야겠다고 생각한다면 책을 처음부터 다시 읽어 보길 권한다. 민주주의에서 단 하나의 정답은 없다.

　『민주주의 공부』는 정치철학자인 저자의 강연에 기반한 저작이다. 그 때문인지 책 전체를 관통하는 하나의 메시지를 찾기 어렵다. 대신 민주주의라는 개념과 그에 연관된 개념들 간의 관계를 다양한 각도에서 세심하게 살펴보는, 뉘앙스 있는 해석을 통해 민주주의가 나아가야 할 방향을 설정해 주고 있다. 다양한 예들을 언급하고 있기 때문에 내용을 따라가는 데에는 무리가 없지만, 논의가 체계적으로 정리되어 있지 않기 때문에 '민주주의의 위기'에 대한 학술적 논의를 접한 경험이 없는 독자들에게는 추천하고 싶지 않다. 사전 지식이 없는 경우, 특히 책 후반부에 등장하는 민주주의 회복을 위한 대안인 전투적 민주주의와 시민 불복종의 내용을 오해할 위험이 있어 보인다. 현재 상당수의 민주주의 국가들이 왜 권위주의로 회귀하는 경향을 보이는지, 왜 포퓰리즘이 득세하는 추세인지, 우리나라의 민주주의는 다른 나라의 민주주의에 비해 어떤 상황인지를 알고 싶은 독자들은 스티븐 레비츠키와 대니얼 지블랫이 같이 쓴 『어떻게 민주주의는 무너지는가』(어크로스, 2018)부터 읽기를 권한다. 서리북

하상응
서강대학교 정치외교학과 교수. 미국 시카고대학에서 정치학 박사학위를 취득했고 예일대학교에서 박사후 연구원, 뉴욕시립대학교(브루클린칼리지)에서 정치학 조교수를 역임했다. 전공 분야는 정치심리, 여론, 투표 행태, 미국 정치다. 최근 출판된 논문으로는 「민주적 원칙과 당파적 이익: 2020년 국회의원 선거에서 위성정당에 대한 태도와 투표 선택」(공저), 「한국 유권자의 정당일체감: 사회적 정체성인가, 정치적 이해관계인가?」(공저) 등이 있다.

📖 민주주의 국가의 국민을 어떻게 정의해야 하는지를
다루는 책. 국가 구성원의 다양성을 존중하여 획일적인
기준 적용을 지양하면서, 동시에 국가에 대한 충성심을
자연스럽게 북돋는 정치 행위의 필요성과 중요성을 설득력
있게 설명하고 있다.

"물론 자유민주주의적 가치들이 인류의 이데올로기적인
갈등의 역사에 종지부를 찍을 만큼 충분히 지배적인
것이라고 증명된 것은 아니다. 그럼에도 불구하고 오늘날
전 세계의 사실상 모든 공동체에는 적어도 자유민주주의적
가치들을 인식하고 존중하는 일부 구성원들이 있으며,
우리는 그들이 그와 같은 가치를 표현하는 서사들에
호의적으로 대응할 것이라고 예상할 수 있다."—책 속에서

『반포퓰리즘 선언!』
로저스 M. 스미스 지음
김주만·김혜미 옮김
한울아카데미, 2023

📖 흔히 건강한 민주주의 운영에 장애물이 된다고 알려진
양당제가 다당제보다 우월할 수 있음을 역설하는 책. 동시에
풀뿌리 민주주의 및 분권화가 민주주의의 공고화를 저해할
수 있음을 주장하는 도발적인 저서. 민주주의 운영에 정해진
답이 없음을 깨닫게 해주는 역저다.

"1960년대 이래 분권화의 형태로 진행된 민주적
개혁이 오히려 유권자 불만을 야기한 독립적이고 중요한
요인이라는 것이다. 분권(화) 개혁은 정치의 기능 장애를
심화시키고 대다수 유권자와 심지어 개혁 옹호자에게도
자멸적인 정책을 만들어 낸다. 의사 결정과 정치인에
대해 유권자의 직접 통제를 강화하면 민주적 책임성이
증가한다는 일견 자명한 진리가 실제로는 반대 효과를
낸다."—책 속에서

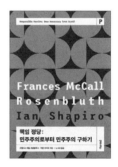

『책임 정당』
프랜시스 매컬 로젠블루스·
이언 샤피로 지음
노시내 옮김
후마니타스, 2022

『선거는 민주적인가』
버나드 마넹 지음, 곽준혁 옮김
후마니타스, 2004

# '선거는 민주적'이라는 착각: 선거의 역사에서 우리가 배울 것들

## 이나미

버나드 마넹(Bernard Manin)이 1997년,『선거는 민주적인가』를 쓴 지 27년이나 흘렀다. 거의 한 세대가 바뀐 셈이다. 그런데 이 책은 아직도 우리에게 적지 않은 충격과 울림을 준다. 앞으로 곧 닥칠 선거를 맞이한 지금, 많은 이들이 착잡한 심정일 것이다. 또는, 별 관심이 없거나 어떤 변화를 기대할지도 모르겠다. 그동안 수많은 선거를 치렀음에도 한국 민주주의는 별로 발전한 것 같지 않다. 그런데 저자는 놀랍게도 선거의 속성 자체가 민주적이지 않다고 주장한다. 그러나 선거 외에 다른 특별한 정치적 수단을 발견하기 어려운 지금, 우리는 어떤 자세로 선거에 임해야 하는가. 또는, 선거 외에 어떤 대안을 찾을 수 있을까. 이 책은 그러한 질문에 부분적 답을 줄 수 있을 것 같다.

### '추첨'의 추억

이 책의 큰 매력 중 하나는 또 다른 중요한 선출 방법인 '추첨'을 자세히 소개하고 있다는 점이다. 근대 이후 역사 저편으로 사라진 추첨은 통치자를 뽑는 아주 훌륭한 제도였다. 즉 추첨을 통해 누구든

당첨되기만 하면 정치를 할 수 있었다. 이 책은, 우리가 민주적이라고 굳게 믿고 있는 선거는 사실 귀족제의 특징이고 추첨이야말로 민주제의 특징이란 점을 다시 일깨워 준다. 언뜻 보기에 아무나 선출될 수 있는 추첨은 비적격자를 통치자로 만들지도 모르는 매우 위험한 제도라고 생각할 수 있다. 그러나 오늘날 한국을 포함하여 전 세계 정치를 보건대, 차라리 추첨을 통해 뽑힌 평균적 양심과 상식을 가진 사람이 정치를 했더라면, 이토록 엉망진창의 정치와 처참한 전쟁의 비극이 전 세계를 휩쓸지는 않을 것이라고 생각한다. 마넹이 지적했듯이, 정치에 매우 능숙한 '정치 천재'들이었던 아테네인들은 추첨 제도를 200년이나 유지했다. 물론 여성, 노예, 외국인 등이 배제되었다는 아주 큰 결함이 있었지만, 어쨌든 추첨 제도를 유지했다는 것은 분명 이것이 민주주의에 아주 필요한 것이었기 때문일 것이다. 고대 아테네의 직접민주주의는 아직도 많은 이들에게 영감을 주며 정치적 이상이 되고 있는데, 그 중심에 바로 '추첨'이 있었다.

저자는 아테네에서 행해진 추첨의 과정을 자세히 소개함으로써 추첨 제도가 결코 무모한 것이 아니며 현대에도 얼마든지 적용 가능한 제도임을 보여 주고자 했다. 실제로 현재 사법부의 배심원단이나 공론화위원회의 구성원은 추첨으로 선정된다. 오늘날 불신의 대상이 되고 있는 입법, 행정, 사법 기구를 대신하거나 보완할 시민 기구를 추첨으로 구성하는 것도 고려해 볼 수 있다.

저자도 강조했지만, 추첨의 원리이자 장점은 우선 '모두 돌아가며 한다'는 것이다. 즉 추첨으로 한번 임명된 자는 그 직을 또 맡을 수 없다. 그런데 이러한 방식은 현재에도 실현되고 있다. 대학의 학과장을 포함하여 많은 기관의 부서장이 돌아가면서 임명되고 있다. 이 원리는 '모두가 통치한다'고 하는 '진정한 민주주의'를 실

아테네의 정치가 페리클레스가 그리스 시민들 앞에서 연설하는 모습을 묘사한 필립 폰 폴츠의 〈추도사를 하는 페리클레스〉(1853).(출처: 암스테르담 국립미술관)

현한다. 또한, 이로써 민주주의의 중요한 원칙 중 하나인 '교체'를 실현할 수 있다. 정권 교체는 모든 국가, 모든 체제에 민주주의가 작동되고 있음을 확인시켜 주는 증거다.

추첨의 또 다른 정신은 '정치에 전문가는 필요 없다'는 것이다. 혹시라도 정치 전문가가 있다면 이들은 오히려 시민의 힘을 약화시킬 수 있는 위험한 존재다. 왜냐하면 자신의 권력을 지속시키는 것에도 전문일 것이기 때문이다. 사실상 추첨과 달리 '선거'는 이러한 정치 전문가적 기질과 야망을 가진 사람들이 뽑히기 딱 좋은 제도로서, 현재 국회의원을 비롯한 정치인들이 왜 공익이 아닌 사익에 전념하는지 그 이유를 잘 보여 준다.

따라서 정치는 전문가가 아닌 시민의 몫이 되어야 한다. 정치인은 시민의 의사를 집행하는 기능적 일만 해야 한다. 안토니오 네그리와 마이클 하트는 "전략, 즉 멀리 내다보고 결정을 내리며 포괄적인 장기간의 정치적 기획을 실행할 수 있는 능력은 더 이상 지도자들이나 당 혹은 심지어 정치인들의 책임"*이 아니며, 다중에게 위임되어야 한다고 강조한다. 전통적으로 리더로 여겨졌던 이들의 역할은 이제 전략이 아닌 전술적 측면에 한정되어야 한다는 것이다. 물론 재빠른 판단과 행동이 필요할 때 한시적으로 특정한 전문가가 활용될 수 있는데 그런 경우에도 이들은 "항상 다중의 전략적 결정에 엄격하게 종속되게 해야 한다."** 마넹에 의하면, '고대의 다중'이라 할 수 있는 아테네 시민들은 특정직에 추첨으로 뽑힌 경우 정치가로서의 전문성이 아니라 일반 시민으로서의 양심과 덕성을 갖고 있는지 심사되었다. 즉 법적 자격에 하자는 없는지, 부모를 잘 모시는지, 세금은 잘 냈는지, 군 복무를 마쳤는지 등이 심사되었다. 또 과두제에 동조하는 경우에도 탈락됐는데, 이는 민주주의에 대한 신념이 중요한 자격 요건이었음을 보여 준다.

**대세가 된 '선거'**

그렇다면 이처럼 좋은 추첨이 왜 역사 속으로 사라졌는가. 이 책에서 크게 강조하고 있지는 않지만 첫째는 무엇보다 재산 자격이 중시되기 시작했기 때문이다. 민주적이라고 할 수 없는 로마는 재산 자격을 중시했으며 그러면서 추첨보다는 선거가 선호되었고 그 선거조차도 불평등하게 진행되었다. 역사 및 지성사를 보면 선거의 속성이 본래 불평등한 것은 아닌지 의심스럽다. 존 스튜어트 밀

---

* 안토니오 네그리·마이클 하트, 이승준·정유진 옮김, 『어셈블리』(알렙, 2020), 477쪽.
** 같은 곳.

의『대의정부론』과 미국『페더럴리스트 페이퍼스』를 보면, 선거
는 민주주의를 실현하기 위해서가 아니라, 민주주의가 실현되지
못하도록 민의를 걸러 주는 역할을 한다. '악마는 디테일에 있다'
고, 선거의 여러 구체적·세부적 과정은 인민의 의지가 실현되는 것
을 막는다. 디지털 전문가들은 현재의 기술로 충분히 직접민주주
의가 가능한데, 기득권을 가진 정치인들의 방해로 구현되지 못하
고 있다고 입을 모은다.*

　저자에 의하면, 추첨이 사라진 두 번째 이유는 아이러니컬하
게도 혁명 때문이다. 혁명적 분위기는 '동의에 의한 정부'가 민주
주의라는 여론을 띄웠고 그 결과 '인간의 동의에 의하지 않은 방
식'인 추첨이 사라지게 되었다는 것이다. 추첨은 인간이 아닌 '신
의 동의', 즉 '운'에 의한 것으로, 근대 이후 신의 자리를 대신한 인
간 이성을 굳게 믿은 혁명가들이 이러한 추첨을 선호하지 않은 것
은 어찌 보면 당연한 것 같다.

　이렇게 선거가 대세가 되면서 발생한 큰 비극은, "관직이 시
민들 사이에서 평등하게 배분되는지는 더 이상 문제가 되지 않았
다"(119쪽)는 점이다. "관직에 있는 사람이 나머지 사람들의 동의
를 통해 관직에 올랐는지의 여부가 더 중요했다."(119쪽) 선거는 최
소한 세습보다는 공정하고 평등한 것으로 인식되었다. 그리고 추
첨과 권력 배분에 대한 관심이 사라진 것에 보수파들은 "매우 행
복해했고, 급진파들은 추첨을 옹호하기에는 동의의 원칙에 너무
나 애착을 가지고 있었"다.(120쪽)

　선거가 주요 정치 과정이 되면서 '우열'의 개념이 확고히 자

---

* 이지헌, 「디지털 민주주의를 위한 온라인 정치플랫폼」, 복지국가소사이어티·지역정
당네트워크·직접민주마을자치전국민회 기획, 『주민에게 허하라! 지역정당』(쇠뜨기,
2023).

리 잡게 된다. 대표성의 원리는 '나와 유사한 사람'을 내보내는 것이라고 주장될 수 있지만 결국 투표의 과정은 나보다 탁월한 사람을 내보내는 것으로 귀결될 수밖에 없다. 저자도 지적하듯이, 선거에는 이미 잘 알려진 사람이 유리하며, 또한 선거에 들어가는 비용도 감당해야 하니 부자가 유리하기 때문이다. 사람들은 재산이 많은 부자들이 부패에 덜 연루될 것이라 여겨서 선호했다. 결국 '나를 대표한다'는 것은 '나와 같은 사람'을 뽑는 것이 아니라 '나보다 훌륭한 사람'을 뽑는 것이 되어 버렸다. 저자는 이것을 이데올로기적으로 비판만 하지는 않는다. 실제로 사람들은 재산 있고 존경할 만한 사람들을 뽑는 경향이 있다는 것이며, 이는 '선거'라는 제도 자체가 갖는 본질적인 불평등성, 즉 고대로부터 강조되어 온 "선거의 귀족주의적 속성"(169쪽) 때문이라는 것이다.

## 정당 정치의 부작용

이 책에서 주목할 또 다른 특징은, 우리가 모두 민주적이라 믿고 있는 정당 정치의 '의외의 문제점'을 잘 밝힌 것이다. 그 요지는 다음과 같다. 대중 정당은 19세기 후반 선거권의 확대, 투표 제도와 문화의 변화와 함께 등장했으며, 그러면서 선거에서 재산과 문화가 대표되는 경향이 사라졌다. 본래 대의 정부는 정당이 없는 상태에서 확립되었고 정당과 같은 파당은 위험한 것으로 여겨졌는데, 19세기 후반 유권자들의 의견 표출을 조직화하는 정당이 대의 정부의 구성 요소로 간주되기 시작한다. 그 이전까지 유권자들은 대표에게 지시할 수 없었고 선거 공약도 지켜지지 않기 일쑤였지만 정당은 정강이라는 존재를 통해 이러한 문제점을 보완했다. 또한 정강은 선거 경쟁의 중요한 도구가 되었다. 이제 대표는 재능과 부를 가진 엘리트가 아니라 정강, 즉 어떤 주장과 운동에 헌신하는 보통의 시민들이 되었다. 이로써 다시금 대표는 '나보다 뛰어난 사람'이 아닌, '나와 같은 사람들'이 되는 것처럼 보였다. 즉 이제 '대표성'이 아니라 '동일성'으로, 민중 통치로 나아가는 것으로 여겨졌다. 그러나 엘리트는 사라지지 않았고 단지 그 종류만 달라졌다. 지역적 지위와 사회적 유명세가 아니라 행동주의와 조직 기술을 가진 엘리트가 과거의 자리를 대신한 것이다. 즉 정당민주주의는 활동가와 정당 관료의 통치라고 저자는 말한다.

또한 정당의 등장 이후, 사람이 아닌 정당을 보고 투표하는 것이 선진적인 것으로 여겨졌다. 그러면서 투표는 사회적 정체성의 문제가 되었으며, 이는 정당이 사회적 균열을 통해서만 재집권할 수 있다는 것을 의미한다. 즉 정당은 지속적 갈등을 통해 표를 자신에게 끌어와야 하는 속성을 가졌음을 저자는 지적한다. 이것이 오늘날에도 정당들이 서로를 헐뜯으며 사회 구성원을 편 가르는 이유다. 저자에 따르면, 더 큰 문제는 '전체주의화'의 위험이다. 이는 특정 정당을 지지하는 사람이 그 정당에 자신을 완전히 위탁하며 무조건적 지지를 보내는 것을 말한다. 지금의 팬덤 정치 현상이 바로 그것이며, 그 극단화가 오늘날 드물지 않게 등장하는 정치인에 대한 테러라고 할 수 있다.

## 부동층의 변화

팬덤 정치는 양극단에 있는 지지자들의 모습이며, 사실상 많은 시민은 중간적 입장이라고 볼 수 있는데, 이런 이들은 종종 부동층으로 불린다. 저자는 현대로 올수록 사람들이 자신의 사회적·문화적 배경과 무관하게, 또한 매번 다르게 투표한다는 것을 발견한다. 즉 정당이나 정강이 아닌, 인물을 보고 투표하는 경향이 있다는 것이다. 저자는 그 원인으로 미디어의 발달을 통해 유권자가 후보를 직

"민주주의의 꽃은 선거입니다"라고 적혀 있는 충청남도선거관리위원회 옥외 간판.
(출처: flickr.com)

접 보고 판단할 수 있게 된 상황을 든다. 이로써 정치적 활동가와
당원의 시대는 끝났다는 것이다. 이제 "의사소통에 능숙한 새로
운 엘리트들이 정치 활동가와 정당 관료를 대체"(267쪽)한 '청중민
주주의(audience democracy)'가 등장했으며, 저자는 이를 '미디어 전문
가의 통치'라고 불렀다. 한국의 경우 이준석과 같은 인물의 등장을
예로 들 수 있겠다.

　　저자에 의하면, 이러한 현상으로 인해 정강을 대신해서 인물
이 갖는 개성의 역할이 커졌다. 더구나 사회 환경이 계속 바뀌어
예측이 어려워지면서 정당이 구체적 공약을 제시하기 곤란해졌기
때문에 정강은 더욱 비실제적이 되었다. 이는 결국 한 인물의 자유
재량권을 더욱 중시하게 만들었고 그 결과 초기 대의제의 특징인
'개인적 신뢰'가 다시 대두되었다는 것이다.

차이가 있다면 과거의 부동층은 "정보에 어둡고, 정치에 관심이 없으며, 학력 수준이 낮은 사람들"(280쪽)이었던 반면, 현대의 부동층은 "충분한 정보를 갖고 있을 뿐만 아니라, 정치에 관심이 많고, 교육 수준이 상당히 높다"(280쪽)는 것이다. 그리고 이러한 현상의 원인으로 저자는 뉴스와 여론 매체의 중립화를 들었다. 정당민주주의하에서 적극적 유권자들은 한정된 정보 원천으로 인해 자신들의 기존 의견을 지속적으로 강화시켜 왔는데 이러한 환경이 변화했다는 것이다.

그러나 저자가 오늘날의 미디어 현실을 봤다면 다시 의견을 바꿨을 것 같다. 현재 양극화된 정치 상황과 더불어, 새로운 미디어인 유튜브 등 SNS의 알고리즘이 제공하는 '맞춤형' 정보는, 다시금 개인들 각각이 본래 갖고 있던 의견을 더욱 강화하고 다른 의견은 돌아보지 않게 만들고 있다. 더 심각한 문제는, 그 정보들은 계속 새롭고 빠르게 쏟아져 나오며, 조회수 증가를 위해 더 강하고 자극적으로 상호 혐오를 부추긴다는 것이다. 이것은 사회 내 적대감을 더 증폭한다.

## 나가며

결론적으로 저자는 민주주의가 확장되었다고는 할 수 있지만 심화되었다고는 할 수 없다고 지적한다. 그러나 대의 정부에 민주적, 과두적 차원이 다 있다는 것은 '희미한 희망'이다. "선거는 불가피하게 엘리트를 뽑"(289쪽)지만, "무엇이 엘리트를 구성하며, 누가 엘리트에 속하는지를 규정하는 것은 평범한 시민"(299쪽)이기 때문이다. 다가오는 선거에 임하는 정치인들은 저자의 다음 말을 귀 기울여야 할 것이다.

대표들은 선거 날, 유권자가 자신의 과거 행적을 평결한다는 것을 알고 있다. 따라서, 신중한 사람이라면 바로 지금 인민 재판의 날을 준비해야 한다는 것을 알 것이다. (……) 유권자의 평결은 최종 명령이다.(288쪽)

이 말은, 선거 제도가 갖는 태생적 한계로 인해 시민들은 비록 자신이 원하는 정치인을 뽑을 수 없지만, 대신 원치 않는 후보를 떨어뜨림으로써 심판할 수 있다는 것을 의미한다고 여겨진다. 이를 보면 선거 제도는 시민들이 판관이 되는 사법 제도로 여겨도 좋을 듯하다. 서리북

이나미
동아대학교 융합지식과사회연구소 전임연구원, 경희사이버대학교 후마니타스학과 외래교수, 생태적지혜연구소 학술위원, 생명사상연구소 이사로 활동하고 있다. 주요 저서로 『한국 자유주의의 기원』, 『한국의 보수와 수구』, 『이념과 학살』, 『한국시민사회사: 국가형성기 1945-1960』, 『생태시민으로 살아가기』 등이 있다.

📖 이 책은 선거, 정당, 대의제에 대한 비판뿐 아니라 '리더십'에 대해 근본적인 질문을 던진다. 저자들은 사회적으로도 '지도자 없는 운동'이 널리 확산되고 있다는 것과 사회 운동과 정치 제도가 서로를 키우며 섞일 수 있다고 주장한다. 따라서 사람들은 자신을 위한 결정을 내리는 데 있어 '대표'가 아닌, 그 자신이 스스로를 대의할 수 있음을 논증한다.

"이 운동들은 남성 입법자들이 여성의 이익을 대변하겠다고 주장하는 것이나 백인의 권력 구조가 흑인을 대변하겠다고 주장하는 것을 거부했을 뿐만 아니라 운동의 지도자들이 조직을 대표하겠다고 주장하는 것도 거부했다. 운동의 많은 부문들에서 대의제의 해독제로서 참여가 장려되었고 참여민주주의가 중앙집중화된 지도에 대한 대안으로 제시되었다." — 책 속에서

『어셈블리』
안토니오 네그리·
마이클 하트 지음
이승준·정유진 옮김
알렙, 2020

📖 이 책은 한계에 봉착한 대의민주주의에 대해 참여민주주의가 대안이라고 강조하면서 그것을 실행 가능하게 할 제도로 추첨시민의회를 제시하고 있다. 시민의회에 대한 이론적 설명뿐 아니라 캐나다, 아일랜드, 아이슬란드, 미국 캘리포니아의 시민의회 및 시민 참여 사례를 자세히 설명하고 있으며, 아울러 한국에서는 이것을 구체적으로 어떻게 실행해 볼 수 있을지에 관한 제안도 담고 있다.

"특히 공천권을 쥔 자에게 맹목적으로 충성하도록 만드는 지금과 같은 의원 선출 방식하에서는 시민들의 요구에 귀 기울이는 '진정한 대표자'를 기대하기 어렵습니다. 현실 정치의 보완 또는 대안으로서 '진정한 대표자'를 선출할 수 있는 방법은 무엇인가라는 질문을 거듭한 끝에 찾아낸 답이 바로 추첨시민의회였습니다." — 책 속에서

『추첨시민의회』
이지문·박현지 지음
삶창, 2017

《역사의 종말》
프랜시스 후쿠야마

# 존중받지 못하는 자들을 위한 정치학

프랜시스 후쿠야마 지음 | 이수경 옮김

## IDENTITY

존엄에 대한 요구와 분노의 정치에 대하여

★★★
〈파이낸셜 타임스〉
올해의 책 선정

★★★
〈타임스〉
올해의 책 선정
정치 분야

★★★
빌 게이츠가
읽은 책

★★★
《엘리트 독식 사회》 저자
아난드 기리다라다스
추천

한국경제신문

『존중받지 못하는 자들을 위한 정치학』
프랜시스 후쿠야마 지음, 이수경 옮김
한국경제신문, 2020

# 나는 누구인가를 묻는 대중

## 정회옥

### 정체성과 인정

언제부터인가 우리 사회에 MBTI가 보편화되었다. 2020년대 들어 대한민국에서 가히 열풍이라 불릴 정도로 대유행하는 중이며, 특히 MZ 세대들에게 엄청난 인기를 얻으며 번지고 있다. 만난 사람에게 날씨 이야기를 하는 것보다는 MBTI가 뭔지를 묻는 것이 더 자연스러울 정도이다. 인간을 열여섯 개의 유형 중 하나로 구분해 주는 MBTI의 유행은 '나는 누구인가' 하는 인간의 자아 추구 욕구가 반영된 결과일지도 모르겠다. 나는 누구인가, 나는 어떤 성향을 갖고 있는가를 알고자 하는 것은 인간이 가진 강력한 욕구다. 이때 당신은 누구다 하고 확실히 답을 해주는 검사가 있다면 매력적으로 보일 것이다.

프랜시스 후쿠야마의 『존중받지 못하는 자들을 위한 정치학』은 나는 누구인가를 묻는 대중들에 관한 이야기이다. MBTI에 열광하는 대중들과 후쿠야마의 나는 누구인가를 묻는 대중들은 그 모습이 비슷하다. 저자는 나에 대해 묻는 대중들의 등장이 근현대 많은 정치 현상을 설명한다고 단언한다. 전 세계에서 동시에 벌어

『존중받지 못하는 자들을 위한 정치학』에서 프랜시스 후쿠야마는 '나는 누구인가'를 묻는 대중들의 이야기, 즉 정체성 정치를 다룬다.(출처: pixabay.com)

지고 있는 인정에 대한 요구, 타자 혐오, 포퓰리즘 정치 현상들은 모두 정체성의 혼란에서 시작되는데, 소속감을 갖기 어렵고 인정의 결핍을 경험한 사람들이 민족, 인종, 종교 등에 집중하게 되면서 자신이 속한 집단과는 다른 정체성을 가진 사람들을 혐오하게 된다. 각각이 가진 정체성을 토대로 하여 폐쇄적인 모습을 보이는 상황은 특정한 정체성을 호명하는 포퓰리스트 정치인들이 출현하기 좋은 토양이 되고 있다는 것이 저자의 주장이다. 이 책은 도널드 트럼프 전 미국 대통령의 당선 및 브렉시트(Brexit, 영국의 유럽연합 탈퇴)라는 정치적 사건이 현대 정치가 직면하는 도전을 극명하게 보여주었다고 진단한다. '극단적 정치 집단의 세력화', '포퓰리즘의 대두', '민주주의의 후퇴' 등으로 특징지어지는 현대 정치의 위기는 존엄에 대한 대중들의 요구에서 비롯되었기에, 우리가 살고 있는 시대는 다름 아닌 '정체성 정치' 시대이다.

저자는 전통적인 경제적 모델이 인간의 행동을 제대로 이해하지 못하고 있다고 비판한다. 인간이 합리적인 행동을 하며 이기심에 따라 움직이며 더 많은 경제적 자원을 추구한다는 사실에도 동의하지만, 인간 심리는 그 이상을 뛰어넘는 복잡성을 가진다는 것이다. 후쿠야마는 오늘날의 정치 현상은 단순한 경제적 모델을 통해서는 설명할 수 없으며, 인간 영혼을 바라보는 보다 나은 이론이 필요하다고 주장한다. 그가 책 전반을 통해 제시하는 이론은, 합리적이고 이성적인 인간상 대신 존중과 인정을 갈망하는 강렬한 욕구와 이에 따른 '정체성' 탐구의 열망을 가진 인간상에 기반을 두고 있다. 영어 원제인 '정체성(Identity)'이 한국어 번역 제목보다 저자의 주장을 더 간결하게 보여 준다는 점에서 번역서의 제목이 썩 마음에 들지는 않는다.

## 경제적 동기와 이슬람주의를 간과하다

인간은 누구나 존엄성을 인정받으려는 욕망을 갖고 있으며 그 욕망이 인간 사회의 현실을 무엇보다 잘 설명할 수 있다는 통찰은 명쾌하고, 지적이며, 치밀하다. 그러나 많은 생각을 하게 만드는 지혜로운 책임에도 곳곳에서 동의하기 어려운 부분을 만난다. 무엇보다도 저자는 전통적인 경제적 모델에 기반한 인간 행동의 이해가 '단순하다'고 평가하지만, 한편으로는 여전히 인간의 심리와 행동은 많은 부분 경제적 동기에서 비롯되기도 한다는 사실을 지나치게 간과하는 듯하다. 이 책을 구상하게 된 동기였던 트럼프 전 미국 대통령의 당선도 미국의 쇠락한 공업 지대를 일컫는 러스트벨트(rust belt) 지역의 가난한 백인 블루칼라들의 지지가 큰 역할을 했는데, 백인 하층 계급의 지지에는 더 많은 일자리와 더 많은 임금을 원하는 경제적 동기가 분명히 자리하고 있었다. 우리나라에서도 부동산, 실업, 임금, 일자리 등 경제적 이슈는 유권자들의 표심을 가르는 중요한 의제이다. 인간의 경제적 욕망 역시 나는 누구인가를 묻는 정체성에 대한 욕망 못지않다는 사실, 인간은 이기심에 따라 움직이며 더 많은 부와 자원을 추구한다는 사실은 여전히 매우 중요하다.

동의하기 어려운 또 다른 장면은 이슬람주의에 대한 저자의 묘사이다. 저자는 민족주의와 이슬람주의를 같은 선상에 두고 이렇게 말한다.

둘 다 전통적이고 고립된 농업 사회에서 넓고 다양한 세계와 연결된 근대 사회로 넘어가는 사회적 변화가 진행되는 과도기에 세계 무대에 등장했다. 또 둘 다 사람들이 느끼는 외로움과 혼란의 이유를 설명해 주는 이데올로기를 제공하고 개인의 불행한 상황을 외부 집단 탓으로 돌리는 피해의식을 퍼트린다. 그리고 둘 다 제한된 방식으로 존엄성에 대한 인정을 요구한다. 즉 모든 인간이 아니라 특정한 민족 또는 종교 집단의 구성원들에 대한 인정을 외친다.(127쪽)

세계 3대 종교 중 하나인 이슬람교를 믿는 사람들의 정체성 추구를 피해의식 표출, 제한된 방식의 존엄성 인정 요구 등으로 묘사하는 것은 얼핏 서구 중심적으로 들린다. 서구와 이슬람 세계의 충돌의 역사 및 이슬람이 성취한 위대한 문명에 대한 부족한 이해는 오리엔탈리즘적인 시각에서 이슬람 세계를 보게 하는데, 후쿠야마도 이 시선에서 자유롭지 못한 것은 아닐는지.

## 정체성 정치의 문제를 정체성으로 해결하자?

이 책은 우리가 살고 있는 혐오, 극단, 포퓰리즘 정치라는 위험한 시대를 통렬히 고발하면서 동시에 그래서 무엇을 해야 할 것인가에 대한 해결책도 제시한다. 다만 그 해결책이 명쾌하지도 적실하지도 않은 것은 이 책이 가진 가장 큰 한계일 것이다. 후쿠야마는 "보다 넓고 통합적인 성격의 정체성을 만드는"(261쪽) 것을 제안한다. 개별 집단들을 보다 큰 차원의 집단에 통합시키는 것인데, 무엇보다도 자유민주주의의 근본이념들을 바탕으로 한 신조 중심의 국민 정체성을 함양하자고 주장한다. 국가 공동체 감각을 강화하기 위해서 국가에 대한 봉사를 보편적 의무로 정하자는 주장도 곁들인다. 정체성 정치의 문제를 '(국민) 정체성'으로 해결하자는 그의 주장은 모순적이다. 끊임없이 분절되고 파편화되는 경향을 가진 현대 사회의 정체성들을 더 큰 하나의 국민 정체성으로 모으는 것은 단순히 국가에 대한 봉사를 실시한다고 가능한 일이 아니다. 또한 국민 정체성 강화가 국가주의, 배타주의, 폐쇄주의 등으로 흘러 더 큰 분쟁과 전쟁을 야기했던 역사적 경험을 우리는 갖고 있다. 국민 정체성의 강화가 혈통이 아니라 신조를 중심으로 한 것이라 할지라도 내 국가가 아닌 타 국가에 속한 사람들에 대한 적대감과 폐쇄적 태도가 발생하지 않으리라는 보장은 없다. 따라서 저자의 해결책이 자유민주주의를 더욱 굳건하게 할 비전이라는 데 쉽게 동의할 수는 없다.

## 한국 민주주의는 어떠한가

이 책은 주로 미국과 유럽의 여러 정치적 사건들을 예로 들고 있고, 이들 나라들의 이민 문제에 대해 많은 지면을 할애한다. 이민 문제에 대한 후쿠야마의 주장들은 거주 외국인 200만 명 시대를 맞이한 우리나라에도 생각할 거리를 제공한다. 후쿠야마는 국가의 신조적 정체성에 이민자를 보다 효과적으로 동화시킬 수 있는 전략에 초점을 맞추라고 조언한다. 효과적으로 동화된 이민자들이 존재하는 사회는 이민의 이점을 십분 활용할 수 있으나, 그렇지 못한 사회는 이민자들이 국가 발전에 장애물이 되거나 사회 안정을 위협하는 집단이 될 수도 있기 때문이다. 이민청 설립이 논의되고 있는 시점에서, 우리 사회는 후쿠야마의 제안을 공론장에서 보다 적극적으로 숙의해야 한다. 저출생, 고령화로 인한 노동력 부족 현상 등의 문제를 해결하기 위한 수단으로만 이민자를 받아들인다면, 다양성 속에서 공동의 목표를 추구하는 건강한 사회는 요원해질 것이다. 이민자들이 우리 사회의 주요 가치, 원리, 이념을 받아들이고 한국인으로서의 정체성을 갖도록 통합하는 노력이 같이 되어야, '나는 누구인가', '나는 어디에 속하는가?'라는 대중들의 거센 질문에 답할 수 있을 것이다.

이민 문제뿐만 아니라, 한국 사회는 정치적 진영·지역·성별·세대 등 다양한 축에 따라 균열과 갈등이 증폭되고 있는 상황이다. 강성 팬덤으로 인한 정당민주주의의 정체, 지역주의의 잔존, 성별 및 세대 간 갈등 등 나날이 분열되고 파편화되는 집단들 간의 인정 투쟁이 격렬하게 벌어지고 있는 것이 한국 정치의 현실이다. 후쿠야마는 인간 존엄에 대한 보편적 이해를 도모하는 시스템을 구축하지 못한다면 끊임없는 갈등에서 벗어나지 못할 것이라고 준엄하게 경고한다. 이 경고를 얼마나 진지하게 받아들일 것인가에 한국 정치의 미래가 달려 있다. **서리북**

정회옥
명지대학교 정치외교학과 교수이며 소수자 정치, 약자, 인권, 차별 문제를 연구한다. 국민통합위원회 위원, 경제정의실천시민연합 정치개혁위원회 위원으로 활동 중이며, 한국정치학회 부회장을 역임했다. 대표작으로 『아시아인이라는 이유』, 『한 번은 불러보았다: 짱깨부터 똥남아까지, 근현대 한국인의 인종차별과 멸칭의 역사』 등이 있다.

📖 프란츠 파농이 1952년에 쓴 책으로, 흑인들이 백인들의 세상에서 경험하는 종속의 감정 및 정체성 혼란을 정신분석 이론을 적용하여 설명했다. 자신의 문화를 잃어버리고 식민지 종주국의 문화를 받아들이고 모방하려는 흑인의 자아 인식의 분열이 열등 콤플렉스로 이어진다는 주장이다. 나는 누구인지를 묻는 정체성 혼란의 시대를 앞서 산 식민지인들의 정체성 분열 과정이 처절하다.

"자아를 다시 포착하려는 시도와 그 자아를 음미하려는 시도를 통해서만, 또는 자유의 지속적인 긴장을 통해서만 인간은 인간 세계를 위한 이상적인 존재 조건을 창출할 수 있었다."

"마지막으로 나는 기도한다. 육체여, 항상 자신에게 질문하는 인간이 되게 하소서."—책 속에서

『검은 피부 하얀 가면』
프란츠 파농 지음
이석호 옮김
인간사랑, 2013, 개정판

📖 '차별은 항상 나쁜 것인가'에 대해 명쾌한 답변을 주는 책이다. 메릴랜드 법대 교수 데버러 헬먼은 어떤 경우에 차별이 법적으로 허용되고, 어떤 경우에 금지되어야 하는지를 다양한 사례를 들어 논증한다. 저자는 사람을 구별하는 행위가 누군가를 비하할 때 차별이 발생한다고 주장한다. 차별, 역차별, 공정, 평등, 정의 등 한국 사회를 휩쓸고 있는 주요 담론들을 법 이론적 적용의 차원에서 살펴볼 수 있는 의미 있는 책이다.

"차별은 그것이 비하가 될 경우에 부당하다. 타인을 비하한다는 것은 타인을 가치보다 낮게 대우한다는 것이다. 이런 의미에서 비하는 본질적으로 상대적인 개념이다. 비하 여부는 맥락과 문화에 따라 달라지기 마련이며, 사람들이 특정한 권리나 어느 정도 최소한의 재화 수준을 향유해야 하는 것은 아니다."—책 속에서

『차별이란 무엇인가』
데버러 헬먼 지음
김대근 옮김
서해문집, 2016

거대 양당에서 벗어나 지역에서 세상을 바꾸는 정치

# 지역정당

윤현식 지음

LOCAL
PARTY

산지니

『지역정당』
윤현식 지음
산지니, 2023

# 양대 정당 독점 정치를 아래로부터 무너뜨리는 법: 지역정당으로 보는 한국 민주주의 한계와 과제

## 장석준

한국 사회의 해묵은 과제 가운데 하나는 정치 개혁이다. 기후 위기, 불평등 위기, 돌봄 위기, 전쟁 위기, 지역 위기 등이 서로 얽혀 한꺼번에 엄습하는데, 막상 이런 문제들을 해결할 제도적 무대인 정치는 기능 장애에 빠져 있다. 지금 한국만 그런 것은 아니지만, 한국이 유독 심한 것은 분명하다. 1987년 '절반의 민주화'로 들어선 정치 체제(제6공화국)는 이미 한참 전부터 한국 사회의 문제를 해결하기보다는, 이 체제를 반분하는 양대 정당의 기득권을 재생산해 주는 역할만 하고 있다.

제6공화국 질서가 정체와 퇴행에 빠진 지 오래된 만큼 정치 개혁의 요구와 운동 또한 역사가 짧지 않다. 그중에서도 널리 알려지고 지지를 받은 것은 승자 독식 선거 제도를 개혁해야 한다는 주장이다. 1988년 총선부터 적용된 단순 다수 대표제, 즉 소선거구제는 양대 정당이 대의 체계를 쉽게 독점할 수 있게 해주었고, 유권자들이 던진 표의 절반 이상을 사표로 만들었으며, 신진 정치 세력의 원내 진출을 가로막았다. 그래서 민주노동당 등 진보 정당들이 앞장서서 정당 명부 비례대표제 도입을 주창했고, 2000년대

대한민국 국회 본회의장.(출처: 대한민국 국회)

초에 비례대표제가 극히 부분적으로 도입된 뒤에는 그 전면 확대
가 정치 개혁의 주요 내용으로 자리 잡았다. 지금도 각급 선거에서
비례성을 보장하는 선거 제도(가령 연동형 비례대표제)를 도입할지 말
지를 놓고 양대 정당과 개혁 세력이 계속 옥신각신하는 중이다.

그런데 이런 정치 개혁 논의를 돌아보면, 한 가지 명확한 특징
을 발견할 수 있다. 그것은 양대 정당 독점 정치를 '아래로부터' 흔
들고 바꾸기보다는 '위로부터' 변화시키는 데 집중한다는 점이다.
여기에서 '아래'와 '위'는 각각 '지역'과 '중앙'을 뜻한다. 사실 양
대 정당이 계속 독점 상태를 유지할 수 있는 데는 소선거구제도 크
게 기여했지만, 토호에 바탕을 둔 지역 지지 기반 역시 중요한 역
할을 해왔다. 두 요인은 어느 쪽이 먼저인지 가려낼 수 없을 정도
로 서로 긴밀히 얽혀 있다. 양대 정당이 소선거구제를 선호하는 이
유는 지난 수십 년간 지역 기반을 탄탄히 다져 왔기 때문이며, 역
으로 이들이 이렇게 지역 기반을 안정적으로 유지하는 제도적 토

대는 소선거구제다.

이제까지 정치 개혁 요구와 운동에서 중심은 이 두 요인 가운데 선거 제도 쪽을 바꾸는 데 쏠려 있었다. 각급 선거에서 소선거구제가 차지하는 비중을 줄이거나, 독일-뉴질랜드식 연동형 비례대표제를 도입함으로써 양대 정당이 부당하게 차지하는 제도 정치 지분을 줄이고 다른 정치 세력이 진출할 통로를 열려는 것이었다. 그러나 이렇게 선거 제도 개정을 통해 변화를 추구하려는 노력이 필요하다면, 또 다른 방향의 노력 역시 병행될 필요가 있었다. 선거 때마다 양대 정당이 쉽게 표를 모을 수 있게 해주는 지역 시민사회 내 기반을 격동시키고 재편하려는 노력 말이다. 어쩌면 양대 정당의 지배력을 돌이킬 수 없이 와해시킨다는 점에서는 이쪽이 더 근본적인 노력일 수도 있었다.

하지만 이 방향에서 정치 현실을 바꾸자는 주장이나 실천은 상대적으로 적었다. 법학자이며 진보 정당 정책가로 활약하기도 한 '노동·정치·사람' 연구위원 윤현식이 지은 『지역정당』은 이런 풍토를 향해 던져진 단단한 짱돌 같은 책이다. 『지역정당』은 기존 정치 개혁론의 한계를 짚으면서, 지역 생활 현장에서부터 기득권 정치에 도전할 결정적인 무기가 한 가지 있다고 제안한다. 책 제목이 선명히 밝히는 대로 그것은 로컬 파티(local party), 즉 지역정당이다. 지역정당이란 더불어민주당이나 국민의힘과 달리, 또한 정의당이나 진보당 같은 익숙한 진보 정당들과도 달리 기초지방자치단체(시군구)나 광역지방자치단체(광역시·도) 단위를 무대 삼아 활동하는 정당이다. 저자는 이런 지역정당들을 만들어 활동함으로써 기득권 정당들의 지역 토대에 맞서고 새로운 지역 시민사회를 키워 나가자고 주장한다.

'정당'이라 하니, 너무 식상한 이야기처럼 들릴 수도 있겠다.

그런가 하면 정반대로 '지역'이라는 수식어가 붙어, 너무 낯설다
고 느낄 수도 있을 것이다. 사실 우리 주위에 지금 이런 정당은 하
나도 존재하지 않는다. 『지역정당』이 소개하는 '풀뿌리옥천당'이
나 '마포파티' 같은 사례들이 있기는 했지만, 이 중 어느 것도 선거
관리위원회를 통해 정식 정당으로 인정받지 못했다. 정당으로 인
정받지 못하다 보니, 그 이름으로 선거를 치를 수도 없었다. 즉, 지
금까지 한국에서 지역정당은 '금지'되어 왔다. 저자가 깊은 관계를
맺고 있는 현재진행형의 지역정당 건설 운동들, '직접행동영등포
당'이나 '은평민들레당' 역시 이 때문에 법적으로는 '정당'이 아닌
'시민 운동'의 자격만 갖는다. 그렇기에 한국에서 지역정당 운동의
우선적 과제는 지역정당을 금지하는 정당법 체계를 바꾸는 일이
될 수밖에 없다. 정치 개혁 과제로서 선거 제도 개혁만이 아니라,
아니 그보다 더 긴급하게 정당 제도 개혁이 요청되는 것이다.

### '1962년 정치체제'를 아십니까?

여기까지만 이야기하면, 『지역정당』은 지역정당 운동이 왜 필요
한지 설득하려는 선전 책자인가 보다 할 수도 있겠다. 물론 이 책
의 핵심 주제는 한국 사회에 지역정당이 있어야 하는 이유와 지역
정당을 건설하기 위해 필요한 과제다. 그러나 이런 주제를 풀어내
기 위해 반드시 짚고 넘어가야 하는 또 다른 주제가 있다. 그것은
다른 민주주의 국가에서는 너무나 당연하게 여겨지는 지역정당이
한국에서는 '금지'의 대상까지 되고 만 까닭이다. 『지역정당』은 제
4장 "1962년 정치체제: 지역정치 압살의 제도적 기원"에서 이를
상세히 설명한다.

　『지역정당』에서 가장 흥미로운 대목이 바로 이 제4장이다.
이 장에서 저자는 박정희, 김영삼, 김대중 같은 거물들의 이름만 나

2023년 9월 26일, 헌법재판소는 직접행동영등포당, 은평민들레당 등이 정당법의 소위 '전국정당 조항'에 대해 제기한 헌법소원에 대해 위헌 의견 5명, 합헌 의견 4명으로 위헌 의견이 다수였으나 정족수(6명) 미달로 기각했다.(출처: pexels.com)

열하는 통상적인 한국 정치사 서술에서 누락되거나 가려지는 중대한 역사적 진실을 일깨운다. 우리는 10·26이나 12·12 같은 사건들이 이미 수십 년 전의, 이제는 영화에서나 다룰 법한 과거지사라 치부하고는 한다. 1987년을 거치고 제6공화국이 들어선 지도 수십 년이 지난 지금에 와서는 새삼 박정희나 전두환 군부독재 정권의 망령을 걱정할 이유가 없다고들 여긴다. 그러나 『지역정당』은 현재 우리 민주주의가 여전히 군부독재 정권의 그늘, 그것도 군부독재가 처음 시작된 1960년대 초의 그늘 아래 있음을 폭로한다. 이 현실에 이 책이 붙인 이름이 '1962년 체제'다.

　　1962년이라면, 4월 혁명으로 들어선 의원내각제 형태의 제2공화국 질서를 뒤엎은 5·16 쿠데타가 일어난 지 1년밖에 안 지난 시점이다. 이때 무슨 일이 있었는가? 국가재건최고회의라는 이름으로 초헌법적 통치를 하고 있던 쿠데타 정권은 1962년 3월 '정치 활동정화법'을 제정했다. 이 법은 "정치 활동을 정화"하고 "참신한 정치도의를 확립"하겠다고 천명했다.(제1조) 이에 따라 쿠데타가 일어나기 전의 모든 정치 활동은 '정화'되어야 할 '구악(舊惡)'으로 치부됐다. 정당이 '난립'하는 것도 '구악'이었고, 이런 정당들이 펼치는 활동 탓에 행정이 일사불란하게 이뤄지지 못하는 것도 '구악'이었다. 이를테면, 이후 30여 년에 걸쳐 군부독재를 펼치게 될 세력을 제외한 다른 모든 시민의 정치 활동은 '구악'이었다.

여기에서 우리는 중대한 진실 하나를 확인한다. 그것은 한국 사회의 뿌리 깊고 유별난 특징이라 여겨지는 정치 혐오가 실은 분명한 시작점이 있는 인위적 노력의 산물이라는 사실이다. 5·16 쿠데타 세력은 불과 한 해 전에 민중 혁명을 성공시켰던 사회에, 그런 식의 정치는 경제성장을 가로막는 '구악'에 불과하다는 생각을 퍼뜨리기 시작했다. 지금 우리에게는 너무도 익숙한 이 K-상식은 결코 자생적으로 형성된 게 아니었다. 분단과 전쟁에 이어, 가장 결정적으로는 군부독재를 통해 '위로부터' 이식된 것이었다. 이 논리가 강요하는 대로 정치가 진정으로 악이라면, 그것은 엄격하게 규제되어야 한다. 그래서 쿠데타 정권은 정치활동정화법을 필두로, 민주 정치의 모든 부분을 철저히 규제하는 법률들을 착착 채택했다. 그 가운데 하나가 『지역정당』의 주제인 지역정당을 금지하는 '정당법'이었다.

우선 쿠데타 정권은 제3공화국 시대를 연 제5차 개헌을 통해 정당이 "국민의 정치적 의사 형성에 참여하는 데 필요한 조직을 가져야 한다"(제7조)고 의무화했다. 상식적인 규정 같지만, 좀 더 깊이 들여다보면 정당이 특정한 조직 형태를 갖추도록 법률적 규제를 늘려야 한다는 내용이었다. 이 헌법 조항을 바탕으로 새로 제정된 정당법은 정당의 "중앙당을 반드시 수도에 두어야 한다"(제3조 제1항)고 못 박았고, "국회의원 지역구 총수의 3분의 1 이상에 해당하는 숫자의 지구당을 두어야"(제25조) 하며 "지구당이 5개 이상의 시, 도에 분산되어야"(제26조) 한다고 규정했다. 이 규정에 따르면, 전국적 정치 활동이 아니라 특정 지역 내 정치 활동을 목표로 삼는 지역정당은 있을 수 없었다. 이후 수십 년 동안 약간의 변경이 있기는 했지만, 쿠데타 정권이 제정한 정당법의 이러한 내용은 현 정당법에까지 거의 그대로 계승되었다. 그래서 '민주화'를 이뤘다는 작금의 대한민국에서도 지역정당은 '불법'이다.

## 우물 안 개구리식 K-민주주의에서 벗어나기

이런 점에서 『지역정당』은 단순히 지역정당에 관한 책만은 아니다. 물론 지역정당은 중요한 쟁점이고 이를 한 권의 책으로 일목요연하게 설명하는 점이야말로 『지역정당』의 핵심 기여다. 하지만 이 책은 또한 한국 민주주의 역사의 사각지대를 조명하는 뛰어난 역사서이기도 하며, 한국 민주주의가 알아채지 못하는 자기 한계와 맹점을 비춰 주는 거울이기도 하다. 이 책을 통해 우리는 K-민주주의가 실은 얼마나 민주주의의 보편적 상식에 미달하는지, 앞으로 치열하게 도전해야 할 과제가 무엇인지 깨닫게 된다.

　　단적으로 『지역정당』의 주제인 '정당'을 보자. 대한민국 헌법은 물론이고 대다수 정치학자는 한목소리로, 대의민주주의에서 정당이라는 제도가 참으로 중요하다고 천명한다. 정당이 존재하며 작동하기에 대중은 일상적으로 관료 통치나 자본 지배에 맞서는 대항력을 확보할 수 있다. 한데 이것이 진실이라면, 정당은 다른 어떤 정치 제도보다 더 접근성이 높아야 한다. 누구나 쉽게 정당에 가입해 그 의사결정과 일상 활동에 영향을 끼칠 수 있어야 할 뿐

만 아니라, 정당 자체를 누구나 손쉽게 만들 수 있어야 한다. 『지역
정당』이 소개하는 다른 대다수 민주주의 국가처럼, 뜻을 함께하는
사람 셋만 모이면 정당을 설립하고 운영할 수 있어야 한다.

이런 상식이 뿌리를 내린 사회에서는 『지역정당』 같은 책이
애당초 필요하지 않을 것이다. '전국'정당이 있을 수 있는 것처럼
'지역'정당이 있는 것이 너무나 당연하게 여겨지기 때문이다. 그러
나 한국 사회는 6월 항쟁, 촛불 '혁명' 같은 승리의 서사를 자랑하
면서도 이런 상식조차 알아채지 못한 채 지금껏 우물 안에 머물러
있다. 그러면서 메아리 없는 푸념과 한탄만 거듭해 왔다. 왜 이 나
라에서는 지역사회를 장악한 풀뿌리 토호의 기득권이 좀처럼 흔
들리지 않는가, 왜 양대 정당은 잇단 실정(失政)에도 불구하고 지역
구 선거에서 항상 3분의 2를 훨씬 넘는 득표를 하는가와 같은 하
소연 말이다.

『지역정당』은 이런 물음과 한숨의 무한 반복에서 빠져나올
틈 중 하나를 명쾌하게 제시한다. 이 틈, 즉 지역정당 운동은 그간
한국 사회에서 정치 개혁론자들조차 간과해 왔던 내용이기에 오
히려 지금 우리에게 더욱 설득력 있게 다가온다. 이 점에서 『지역
정당』은 정당이나 사회 운동, 정치 개혁에 관심 있는 이들뿐만 아
니라, 한국 사회의 정체와 교착 상태에 답답해하면서 출구를 찾고
싶어 하는 모든 시민에게 시의적절한 읽을거리다. **서리북**

장석준
정의당 부설 정의정책연구소 소장, 출판&연구공동체 산현재 기획위원. 저서 『세계 진보정당 운동사』,
『근대의 가을』, 『신자유주의의 탄생』, 『장석준의 적록서재』, 『사회주의』, 『능력주의, 가장 한국적인
계급 지도/유령들의 패자부활전』(공저), 역서 『좌파의 길: 식인 자본주의에 반대한다』, 『길드
사회주의』 외 다수를 펴냈다.

📖 각지에서 이미 지역정당 운동을 펼치고 있는 이들이 지역정당의 이모저모를 소개한다. 지역정당 운동의 여러 사례들을 살펴볼 수 있을 뿐만 아니라 지역정당을 둘러싼 다양한 입장을 접할 수 있다.

"다양한 정치 세력이 등장해 참된 지역주민 의사 형성을 돕는 지역정당이 확대되면 오히려 중앙 정치가 이념적 대립 구도로 만든 지역감정을 없앨 수 있다."―책 속에서

『주민에게 허하라! 지역정당』
복지국가소사이어티·
지역정당네트워크·
직접민주마을자치전국민회
기획
쇠뜨기, 2023

📖 일본의 가나가와 지역에서 생활클럽 운동을 전개하는 가나가와 생협과, 이를 바탕으로 한 지역정당 '가나가와 네트'를 소개한다. 일본에 비해 풀뿌리 사회 운동이 취약하고 지역정당 경험이 전무한 우리에게 풍부한 시사점을 준다.

"정치 세력들이 가까운 미래에 사회, 경제, 지역, 정치 등에서 민주주의가 관철되는 지역사회의 정치 모델을 만들기 위해 실천하지 않는다면 정치적·문화적 헤게모니를 행사할 수 없을 것이다."―책 속에서

『어리석은 나라의
부드러우면서도 강한 시민』
요코다 카쓰미 지음
나일경 옮김
논형, 2004

이마고 문디

디자인 리뷰

북 & 메이커

서울
리뷰 오브
북스

김성수 감독의 〈서울의 봄〉(2023).(출처: 플러스엠 엔터테인먼트)

# 두 가지 키워드로 들여다본 〈서울의 봄〉

## 정아은

### 선택과 집중, 극단의 두 남성 캐릭터

사전지식 없이 영화를 봤다. 12·12라는 거대한 사건을 어떤 측면에서 접근해 들어갈지, 그 사건에 들어 있는 여러 함의 중 무엇에 초점을 맞출지 모른 채 백지 같은 상태로 화면과 대면했다. 기대나 예측 없이 자연스럽게 이입해 들어간 것이다. 일부러 그랬다기보다, 보고 싶은 마음이 간절해서 나오자마자 봤기에 그렇게 됐다.

처음에는 모든 게 낯설고 이상했다. 전두광, 이태신, 정상호, 최한규…… 명확한 인물들의 이름을 조금씩 바꾸어 놓은 게 혼란스러웠다. 누군가 나올 때마다 실제 인물과 맞추어 보느라 집중력이 흐트러지기도 했다. 퍼뜩 실명이 떠오르지 않을 때는 당황스럽고 조바심이 들었다.

이태신과 전두광을 우두머리로 하는 양쪽 진영의 물리적 격돌로 접어드는 장면에서부터, 감이 잡히기 시작했다. 감독이 무얼 그리고자 했는지. 그리고 영화에 쑥 빨려 들어가 인물에 이입됐다. 아, 이 감독은 두 사람을 각각 다른 내면을 지닌 극단의 인물로 대칭적으로 부각시키고 싶었구나. 역사적 상황, 정치적 상황, 한국이

이태신(정우성 분)과 전두광(황정민 분).(출처: 플러스엠 엔터테인먼트)

국제 사회에서 차지했던 위치와 의미, 당시 사회가 처해 있던 사회 문화적 배경, 이런 것보다 사람 대 사람 구도로 가고 싶었구나.

영화는 책과 다른 매체다. 모든 요소들을 아우를 수 없다. 책이라면 "그렇게 총격전이 있었다"는 한마디로 치고 지나가면 끝이지만, 영화는 그게 안 된다. 수많은 엑스트라와 총과 탱크를 동원해 화면으로 주조해 내야 한다. 당연히 감독이 내보내고자 하는 주요 메시지 외의 다른 화두는 희생시켜야 했을 것이다. 선택과 집중이 필요했을 테고, 김성수 감독에게는 두 남자의 캐릭터가 어떻게 부딪히고 승부하는지를 드러내는 것이 최종 선택지였을 것이다.

같은 사건을 소재로 책을 썼던 자로서, 빨려 들어가듯 화면에 집중했다. 내가 수많은 지면과 낡은 스틸컷들로만 접했던 정보들이 인간의 형상을 입고 나와 드라마로 전개되는 걸 보고 있으니 형용할 수 없는 쾌감이 번뜩번뜩 번져 갔다. 영화가 끝난 뒤, 동행했던 이는 '상업 영화도 아니고, 그렇다고 심각하게 화두를 붙들고 늘어지는 주제 영화도 아닌' 애매한 지점에 선 영화라 표현했다. 어쩌면 그 말이 맞을지도 모르겠다. 그래, 조금 애매한 지점이 있기는 했던 영화다. 그러나 감독이 표현하고자 했던 두 인물, 전두환과 장태완이라는 인물의 내면을 강렬하게 표현해 내 관객이 이입하게 했다는 면에서, 압도적인 영화였다.

외모상으로 봤을 때는 전혀 닮지 않은 얼굴과 몸피(황정민은 골격이 전두환과 너무 다르다)의 배우를 쓴 것은, 초반에는 좀 '좀 아닌데' 싶어 보였다. 안경을 씌우지 않은 것도 이상해 보였고, 강력한 실존 인물의 외관과 전혀 일치하지 않는 인물을 보며 자꾸 차이점과 유사점을 찾아내려 하는 '산만한' 정신 상태에 빠져들었다. 그러나 초반 십오 분을 넘겼을 즈음부터, 황정민이 전두환으로 보이기 시작했다. '그 어떤 것도 개의치 않고 무지막지하게 밀어붙이는' 인물인 전두환의 성정을 배우가 탁월하게 잡아내 이입했기에, 안경도 쓰지 않고 몸피도 너무 호리호리한 '하나도 닮지 않은' 황정민을 전두환으로 여기며 보게 되었던 것이다.

내가 『전두환의 마지막 33년』에서 '특별한 가벼움'이라 표현했던 특성이 화면에서 유감없이 인간의 형상을 입어 펼쳐지고 있었다. 이즈음부터였다. 감독이 가명을 쓴 것, 외모상 전혀 다른 인상의 배우를 쓴 것을 모두 이해하고 수긍하게 된 것은. 실화에 바탕했지만 상당 부분 상상력을 동원해 쓴 이야기라는 사실을 강조하기 위해 가명을 내세울 필요가 있었으리라. 닮지 않았을지라도 황정민을 기용한 것은 전두환과의 외적 동일함보다는 내면의 싱크로율을 만들어 낼 배우로 황정민만 한 사람이 없다 판단했기 때문이었겠지.

전두광 역을 맡아 열연한 황정민 배우.(출처:플러스엠 엔터테인먼트)

## 내전과 정보

영화에는 두 가지 키워드가 있다. 하나는 '내전'이다. '내전'이라는 말은 영화가 전개되는 내내 반복적으로 흘러나온다. 반란군과 국군 수뇌부 양쪽에서 다 나오지만, 이 말을 가장 자주 입에 담는 이는 반란군의 수장인 전두광이다. 국군 수뇌부와 교신할 때, 진압군의 움직임을 막으려 할 때, 그는 재빨리 이 말을 입에 올린다.

> 너네 진짜 출동할 거야?
> 할 테면 해 봐.
> 그럼 내전이야!

아군끼리 충돌하면 내전이 벌어지고, 남한 영토에서 내전이 벌어지면 그 틈을 타 북한이 쳐들어올 것이다! 그럼 우린 다 죽는다! 이것은 국군 수뇌부가 그리는 최악의 시나리오였다. 또한 주한미군 수뇌부가 어떻게든 피하고 싶어 하는 각본이었다. 그런 심리를 너무나 잘 알고 있던 전두광은 틈날 때마다 큰 소리로 외쳤다. 내전! 내전이 일어날 거라고! 내전의 발발을 매우 염려하는 듯한 그의 언행을 보고 있으면 '솔로몬의 판결'이 떠오른다. 자신이 아기의 진짜 엄마라고 주장하는 두 여성에게 "그렇다면 아기를 반으로 갈라 가라" 했다는 전설의 판결이. 국가의 안위 혹은 국민(국군)의 생명을 아기에 비유한다면, 전방을 지키던 9사단을 수도 한복판으로 이동시켰던 전두환은 아기의 안전 따위에는 눈곱만큼도 관심 없었던 가짜 엄마였고, 내전이 일어나 죄 없는 국민(국군)이 희생될 걸 염려한 국군 수뇌부와 진압군 측은 진짜 엄마였다. 영화를 보는 관객이 주먹을 불끈 쥐며 안타까워했던 장면들, 즉 육군 참모차장인 윤성민이 신사협정에 응해 진압군을 투입할 마지막 기회를 놓치고, 장태완·정병주·김진기 삼인방이 상관(국방부 장관과 육군 참모차장)의 부적절한 회군 명령을 거스르지 못하고 번번이 진압군 투입 결정을 번복했던 것도 이런 맥락에서 보면 이해할 수 있다. 반란을 일으킨 적이 없는 진정한 군인인 이들에게는 죄 없는 국민(국군)이 피를 흘리게 할 결정을 내릴 수 없었던 것이다. 차마 소중한 아기를 칼로 벨 수 없었던 것이다.

두 번째 키워드는 '정보'다. 영화는 진압군 측 수장인 이태신이 국군 수뇌부나 다른 여단장들과 통화할 때마다 그걸 엿듣는 보안사령부 요원의 모습을 나란히 내보낸다. 상대측에 대한 정보, 즉 이태신의 의도와 계획이 고스란히 반란군 측에 들어가고 있음을 보여 주는 것이다. 전쟁에서 정보는 그 무엇과도 바꿀 수 없는 치명적인 무기다. 한정된 자원과 인력을 동원해 싸우는 전장에서 상대의 의중을 알고 그에 대비하는 것만큼 가성비 높은 전략은 없기 때문이다. 그렇기에 동서고금의 장수들은 언제나 상대 장수의 의중을 읽어 내는 데 심혈을 기울였다. 전두환이 얼마 되지 않은 전력으로 국군 전체를 접수해 버렸던 그 밤의 핵심 요인은 그가 보안사령관으로서 모든 정보를 한 손에 쥐고 있었다는 점이었다. 정보를 손에 쥔 데다가 최소한의 윤리의식이나 자기 성찰 능력 같은 요소를 조금도 갖고 있지 않은 '무데뽀 돌진형'인 전두환은 그렇게 권좌를 낚아챘고, 당도해 있던 봄기운을 물리고 한반도 남쪽 구역을 다시 동토로 만들었다.

## 보여 주기를 통한 이야기의 힘

영화에는 이러한 정황에 대한 설명이 생략돼 있다. 그렇기에 영화를 보고 나면 전두환과 장태완이라는 두 인물의 캐릭터에 이상한 타이밍의 '운빨'이 개입해 모든 것이 결정되었다는 인상을 받을지도 모르겠다. 즉, 한 사람의 선하거나 악한 경향에 의해 모든 것이 결정된 것처럼 보이는 효과가 났을지도 모르겠다.

　예전의 나였다면 이 부분을 매우 아쉽게 생각하며 '아, 이 영화는 역사적 맥락을, 혹은 국제 정치의 역학을 드러내지 못했어! 그걸 짚어서 좀 더 복합적으로 보여 주었어야 해!' 하고 냉혹하게 비판하고 싶었을지도 모르겠다. 그러는 대신 이 영화를 선택과 집중으로 잘 만든 영화라 평하게 된 것은, 내가 같은 사건을 다른 질료로 형상화해 보았기 때문일 것이다. 같은 사건에 대한 수많은 디테일을 손에 들고 주물거려 만들어 본 자이기에, 다른 질료를 써서 특정한 면을 강렬하게 부각시키는 작업이 얼마나 힘들고 어려운 일이었을지 상상해 볼 수 있었고, 그 부분적이고 집중적인 작업에 감사하고 쾌감을 느꼈던 것이리라.

　대한민국은 어떤 국가인가? 선거에 의해 두 번 이상 정권 교체를 이룬 '민주주의' 국가이다. 법치주의를 표방하는 '근대 국가'이다. 그런데도 근대 국가 대한민국은 중범죄자를 처벌하지 못했다. 2021년 11월 23일, 중범죄자인 전두환이 이승을 떠나던 날, 한반도 남쪽에 거주하는 주민 대다수는 슬픔과 통한으로 어쩔 줄 몰랐다. 저렇게 가버리다니! 제대로 단죄하지도 못했는데! 그것은 어린 시절부터 수없이 뇌리에 새겨 온 '권선징악'이 속절없이 무너져 내리는 장면을 목도하는 데서 오는 환멸이었다.

　왜? 퇴임 후 살았던 33년 동안 전두환은 왜 한 번도 무릎 꿇지 않았는가? 그는 진정 죄책감을 느끼지 않았는가? 수많은 이들의 목숨을 앗아 간 데 대해 단 1그램의 죄책감도 느끼지 않았는가? 그게 가능한가? 어쨌거나 그도 인간인데? 감정이 있고 사고를 하는 인간이, 자신처럼 인간의 얼굴을 한 다른 생명체를 죽음에 이르도록 한 데 대해 회한을 느끼지 않는 게 가능한가? 우리 사회는 왜 그를 무릎 꿇게 하지 못했는가? 의문이 끓어올랐다. 『전두환의 마지막 33년』을 쓰는 것은 그에 대한 답을 찾아가는 첫 여정이었다.

〈서울의 봄〉은 죄인을 단죄하지 못하는 데 무심해진 동토에, 민주 사회의 외피를 두르고 있지만 곳곳에서 민주주의 정신을 위배하는 일이 일어나는 데 경각심을 잃은 한국 사회에, 온기와 빛을 몰고 온 의미심장한 영상물이다. 감독은 1979년 12월 12일이라는 역사적 하루를 '사나이들 간의 대결'로 선명하게 형상화했다. '우리가 독재자와 싸워 민주화를 쟁취했다'고 가르치듯 메시지를 전달하려 했던 부모 세대에게 불공정에 대한 날카로운 비판으로 맞섰던 젊은 세대가, 〈서울의 봄〉이라는 강력한 이야기에는 뜨겁게 반응하고 있다. 이 흥미로운 현상 앞에서 고개를 끄덕이며 생각한다. 역시 사람의 마음을 움직이는 건 '직설적인 훈계'가 아니라 '보여 주기를 통한 이야기'로구나! 가르치려 들기보다 보여 주고 스스로 판단하게 만드는 편이 훨씬 효과적이구나. 살아 움직이는 사람의 형상을 통해 보편적인 인간의 정서를 보여 주는 '이야기'는 언제나 힘이 세다. 서리북

정아은

2013년 장편소설 『모던 하트』로 제18회 한겨레문학상을 수상하며 작가로서 활동을 시작했다. 장편소설 『잠실동 사람들』, 『맨얼굴의 사랑』, 『그 남자의 집으로 들어갔다』, 에세이 『엄마의 독서』, 『당신이 집에서 논다는 거짓말』, 『높은 자존감의 사랑법』, 『이렇게 작가가 되었습니다』, 논픽션 『전두환의 마지막 33년』을 썼으며, 월급사실주의 동인이다.

📖 독재자들 사이에도 차이와 개성이 있다. 어떤 독재자는 단명하고, 어떤 독재자는 대량 살상을 저지르고도 수십 년 동안 군림한다. 그들 간의 차이를 만들어 내는 요소는 무엇일까? 이 책은 자국민에게 극심한 고통을 안겨 주었던 독재자들을 각각 한 '사람'으로서 조명해, 독재를 지속가능하게 만드는 문화적·역사적·사회적 요인을 파헤친다. 윤리와 당위를 향한 희망 사항을 배제하고 역사적 인물과 사건을 있는 그대로 신랄하게 보여 준다는 점에서 마키아벨리의 『군주론』, 막스 베버의 『소명으로서의 정치』, 마크 릴라의 『더 나은 진보를 상상하라』의 계보를 잇는 책이다.

"정치란 정치권력을 확보하고 유지하는 일이고, 정치의 주체는 자신에게 유리한 일을 하는 데 급급한 개인들이다." — 책 속에서

『독재자의 핸드북』
브루스 부에노 데 메스키타·
알라스테어 스미스 지음
이미숙 옮김
웅진지식하우스, 2012

📖 현상에 어린 계급적·역사적·문화적 함의를 어쩌면 이렇게 정확하게 벼려 낼 수 있을까, 감탄하며 읽은 책이다. 1980년 광주에 일정 기간 존재했던 '절대 공동체'는 세속과 그 너머의 교차였다는 사실을 이 책을 읽으며 몸서리치게 실감했다. 『전두환의 마지막 33년』 원고 준비 과정에서 접했던 광주 관련 책들 중 가장 깊고 정교하게 쓰인 텍스트였다.

"절대공동체는 군대와 같이 누군가 투쟁의 목적을 위해 개인을 억압하여 만든 조직이 아니었다. 그것은 폭력에 대한 공포와 자신에 대한 수치를 이성과 용기로 극복하고 목숨을 걸고 싸우는 시민들이 만나 서로가 진정한 인간임을, 공포를 극복한 용기와 이성 있는 시민임을 인정하고 축하하고 결합한 절대공동체였다." — 책 속에서

『오월의 사회과학』
최정운 지음
오월의봄, 2012
(1999년 초판 출간)

# 한글 타이포그래피 실험기의 탈네모꼴 폰트

## 정재완

1994년 타이포그래피 수업 '세벌식 폰트 디자인' 과제 결과물 재현작. (출처: 정재완, 2024)

1994년, 대학교 2학년 때 타이포그래피 수업 과제는 '세벌식 폰트'를 디자인하는 것이었다. 당시 수업은 안상수체(1985)와 공한체(1990)를 디자인한 안상수 교수와 한재준 교수가 맡았다. 표음 문자인 한글 자소는 스물네 글자밖에 되지 않지만 완성형 폰트를 만들기 위해서는 무려 11,172자를 그려야 했다. 하지만 세벌식 폰트는 초성/중성/종성 세 벌로 나눠서 각 글자를 만들기 때문에 초성자 14자, 중성자 10자, 종성자 14자만 그리면 된다. 이런 경제적인 시스템은 매일같이 과제에 시달리던 미대생의 양적 부담을 획기적으로 덜어 주는 것이었다. 그 대신 모아쓰기를 했을 때 어떤 형태가 만들어지는지가 중요했다. 그래서 각 자소의 형태 못지않게 모듈화가 관건이었다. 한 학기를 마치며 수업 결과물을 늘어놓고 보니 다소 괴팍해 보이는 폰트도 많았다. 그것을 과거에 대한 도전이자 실험정신으로 여기며 우쭐했던 기억이 난다. 당시 대학가에 흐르던 새로움을 추종하는 문화가 만들어 낸 풍요로운 1990년대의 한 단면이었다.

　　1990년대는 인쇄 출판에서 새로운 시도가 풍성하게 이루어지던 시기였다. 『단행본 표지 디자인』은 이를 증명한다. 기획자의 머리말처럼 "최근 출판계에 표지 디자인에 대한 관심이 크게 일고 있고 질적으로나 양적으로 다양화되어 가는 현시점에서"* 1993년 책의 해를 기념하여 호기롭게 기획한 책이다. 책은 1979년 발행된 홍성신서 『릴케』부터 1992년까지 발행된 수백 종의 단행본 표지 디자인을 212쪽에 걸쳐 다룬다. 『단행본 표지 디자인』에 수록된 책 중에서 탈네모꼴을 사용한 63종의 단행본 표지 디자인을 살펴봤다.

---

* 오주협, 『단행본 표지 디자인』(CSC출판기획부, 1992), 6쪽.

## 한글 탈네모꼴 폰트의 시작

나는 한글 탈네모꼴 폰트가 생산되고 유통되던 1980년대
중반부터 1990년대 중반까지를 한글 타이포그래피의 실험기로
보고 있다. 한글 탈네모꼴은 어느 날 우연히 발명된 것이 아니다.
탈네모꼴은 한글 가로 풀어쓰기와 모아쓰기 논쟁, 해방 이후
한글세대의 한글 전용, 한글 기계화라는 커다란 변화의 시기,
복잡한 질문과 오랜 고민이 응축된 결과이다.

　　한글 탈네모꼴의 시작에는 잡지 《뿌리깊은나무》(1976-1980)
제호가 있다. 하지만 제호는 'ㅜ'의 세로획이 네모틀을 약간
벗어난 정도이고 본격적인 탈네모틀의 구조를 가진 것으로
보기에는 무리가 있다. 오히려 노련한 시각 보정의 결과물로

서기흔 디자인(왼쪽 위부터 1987, 1987, 1988, 1989, 1990, 1990, 1991, 1992).

보는 것이 타당할 것이다. 이후 조영제(1977), 김인철(1978)
등의 그래픽 디자이너가 한글 탈네모틀을 구상하기도 했다.
하지만 폰트로 구체화한 것은 이상철의 '샘이깊은물체'(1984),
안상수의 '안상수체'(1985)이다. 산돌의 '산돌60'(1987), 한재준의
'공한체'(1989), 윤영기의 '윤체'(1990)도 모두 비슷한 시기에
세상에 모습을 드러낸 것을 보면 당시 디지털 폰트 개발과 그
다양성 측면에서 탈네모꼴에 대한 디자이너의 관심을 알 수 있다.
　　탈네모꼴 폰트가 세벌식 타자기의 글꼴 형태로부터 기인한
것이라는 주장은 근거가 있다. 새로운 기술은 이전까지 보지
못했던 형태를 만들어 내고, 불가능에 가까운 것처럼 여겨지는
복잡한 문제를 해결해 나가면서 더욱 추진력이 생기기 마련이다.
완성형 한글 활자를 빠르게 입력하기 위해서 타자기로 옮겨 올
때 11,172개의 글자 자판을 어떻게 줄여야 할지란 쉽지 않은
문제였다. 언중이 풀어쓰기를 선택하지 않고 모아쓰기를 선택한
것은 음절 문자로서 한글의 특징이자 장점을 포기하지 않은
결과라고 본다. 그리고 글꼴 개발의 효율성 측면을 고려해서 이를
시각화한 것이 탈네모꼴 폰트다. 하지만 디자이너들은 타자기
글자의 기능성과 효율성을 넘어서 탈네모꼴 폰트의 미적 성취를
위해 출판 디자인 현장에서 다양한 시도를 추구했다. 공병우
타자기의 세벌체를 연구한 김태호는 『한글과 타자기』에서
"디자이너들이 탈네모꼴에 관심을 갖게 된 것이 반드시 공병우
타자기 때문이라고만은 할 수 없다. 기존 한글 타이포그래피의
한계를 깨는 새로운 가능성을 추구하던 끝에 하나의 대안으로
탈네모틀 글꼴에 주목했다고 보아야 할 것"[*]이라고 말한다. 그의

---

[*] 김태호, 『한글과 타자기』(역사비평사, 2023), 288쪽.

주장처럼 탈네모꼴이 등장하게 된 배경을 뛰어넘어 지금의 한글 탈네모꼴은 1980년대의 고유한 양식이자 하나의 시각 문화 운동으로 존재한다.

## 디자이너들의 실험과 열망

북 디자이너 서기흔은 1987년 『나의 오빠 니진스키』, 『말세의 비밀』에서 탈네모꼴 제목 글자를 선보였다. 글자 획에는 예리하게 부리(세리프)가 표현되어 있다. 폰트 디자인에서 부리 표현은 필기도구의 흔적으로 여겨진다. 이후 『재미있는 물리여행』, 『지붕과 하늘』 등에서 탈네모꼴 글자는 더욱 기계적인 미감을 갖춰 가면서 일체의 부리 표현이 사라진다. 당시 탈네모꼴 글자는 대개 굵은 획이었는데 이는 본문용보다는 제목용으로 활용도가 높았기 때문으로 보인다. 표지 레이아웃 완성도를 고려한 탈네모꼴 글자는 기존 명조체나 고딕체와는 시각적 대비가 뚜렷하다. 글자 크기와 상관없이 지면을 장악하는 힘을 가진 탈네모꼴 글자는 무엇보다 눈에 띄는 책 표지를 위한 탁월한 선택이었다.

　안그라픽스는 '안상수체'를 만든 안상수가 설립한 디자인 회사다. 안그라픽스는 단행본 표지 디자인에 주로 '안상수체'를 사용했다. 이는 안상수체를 대중에게 노출할 수 있는 방법이자 안그라픽스의 개성을 시각적으로 각인시키는 효과를 발휘했다. 특히 『한국전통문양집』 표지의 한자 표기와 불광출판사에서 나온 책들의 한자 제목 또한 정방형을 벗어난 탈네모꼴을 지니고 있어서 그 형태가 흥미롭다. 무엇보다 『보고서』(1991)는 탈네모꼴 폰트의 실험적 디자인이 유감없이 발휘된 단행본이다. 가독성 문제 때문에 탈네모꼴 폰트를 주로 책 표지에만 적용하던 것과 달리 내지에도 과감하게 탈네모꼴 폰트를 사용했다. 그리고

왼쪽 위부터 조의환 디자인(1992), 김주성 디자인(1990), 이민자 디자인(1992), 심명우 디자인(1990), 홍동원 디자인(1990), 홍동원 디자인(1991), 진선출판사 편집부 디자인(1991), CSC출판기획부 디자인(1992), 홍동원 디자인(1992).

사진과 글자의 전위적인 레이아웃은 탈네모꼴 폰트의 가능성을
극단으로 밀어붙인 실험정신의 산물이었다.

조의환이 디자인한 『첨단전쟁』은 한글 'ㅊ'의 형태로
전투기를 묘사했다. 탈네모꼴이 갖는 굵은 기하학적 특징이
글자와 그림을 결합한 것이다. 『어느 과학자의 이야기』처럼 굵은
직선의 탈네모꼴 폰트는 기하학적 선이나 도형과의 어울림이
빼어나다. 이 책은 부제목과 저자 이름까지 탈네모꼴 폰트를
적용했다. 『칼의 그림자』처럼 탈네모꼴 폰트를 세로짜기하면서
글자의 기준선을 오른쪽 획으로 정렬한 것은 이색적이다.
탈네모꼴 폰트를 속칭 '빨랫줄 글자'라고 부르기도 하지만
애초에 한글은 종성자가 있어서 세로짜기에 무리가 없는
문자다. 기준선을 어디에 두느냐의 문제는 여전히 풀어야
할 숙제로 남지만, 종성자가 아래에서 들쑥날쑥하는 장면은
사라진다. 『사제의 일기』는 글자의 가로 기준선이 가운데 놓이는
것이 특징이다. 홍동원은 『그대는 지금 누구를 만나야 한다』,
『질퍽거리는 세상 Y담으로 풉시다』라는 긴 제목을 글줄을 살려서
읽기 좋도록 연출했다. 한글 탈네모꼴 폰트가 굵은 직선으로만
제안된 것은 아니다. 『아기참새 찌꾸』를 디자인한 홍동원은
한재준의 공한체를 표지와 내지에 모두 적용했다. 『단행본
표지 디자인』에는 1987년부터 1992년 사이 약 6년여 동안의
탈네모꼴 폰트 표지 디자인을 모아 놓았다. 짧은 시간 동안 폰트
디자이너와 북 디자이너는 당시의 시각 문화 풍경을 압도하는
디자인 결과물을 만들어 나갔다.

## 책 디자인은 동시대 시각 문화의 척도
개인의 취향은 중요하면서도 주의할 면이 있다. 의뢰인이든

북 디자이너든 누구라도 주관적 취향에 빠지는 것은
커뮤니케이션에 장애물이 된다. 그것은 좋은 디자인
결과물이 만들어지기 어려운 이유가 된다. 그렇기 때문에
취향을 객관화하는 것이 필요하다고 생각하다 보면 어느새
트렌드를 따라가는 내 작업을 발견하게 된다. 이런 작업을
현실과의 타협이라고 여길 수도 있고, 의뢰인과의 노련한
커뮤니케이션 결과라고 볼 수도 있겠다. 하지만 제아무리
훌륭한 커뮤니케이션이 성립하더라도 디자인 결과물이 보기에
매력적이지 못하다면 심각한 문제다. 의뢰인의 심미적 허용치
안에서 맴도는 디자인보다는 의뢰인이 미처 생각하지 못한
아름답고 훌륭한 디자인을 만들어 내는 것이 디자이너의 존재
이유가 아닐까 한다.
독자들이 미처 신경 쓰지 않는 영역을 세심하게 건드리는
북 디자이너의 노고는 조금씩 동시대 시각 문화의 질적 수준을
높여 간다. 1980-1990년대 한글 탈네모꼴 폰트를 제안하고
실천했던 디자이너들의 유산은 현재로 이어지고 있다.
1980-1990년대 한글 탈네모꼴은 출판 현장에서 고군분투했다.
가독성이 떨어진다는 우려에도 불구하고 탈네모꼴이 획득한
시대정신은 분명했다. 그것은 기존 질서를 벗어나고자 했던
디자이너들의 실험정신이자, 한글 자체가 지닌 조형적 원리에
입각한 한글 타이포그래피 방법론에 대한 열망이었다. 서리북

정재완
본지 편집위원. 홍익대학교 시각디자인과를 졸업한 후, 정디자인과 민음사 출판그룹에서
북 디자이너로 일했다. 현재 영남대학교 교수로 재직 중이며 사월의눈 사진책 디자인을 도맡고 있다.
지은 책으로 『세계의 북 디자이너 10』(공저), 『아파트 글자』(공저), 『Designed Matter』(공저) 등이
있으며, 디자인한 사진책 『작업의 방식』이 '2022 한국에서 가장 아름다운 책'에 선정되었다.

# 한인/한글 문학의 플랫폼,
# 디아스포라 웹진 《너머》를 만나기 위해

## 고명철

2023년 미주권역 디아스포라 한글 문학 교류 행사 '경계를 너머, 한글 문학' 자료집에 실린 《너머》의 소개를 보고 있는 청중 © Jaewoo Kwon

## '한인/한글 문학의 플랫폼', 디아스포라 웹진《너머》의 출현

인터넷의 급속한 보급과 확산을 바탕으로 한 일상의 변화는 사회의 모든 부문에 걸쳐 망라돼 있다. 인류의 정통적 표현 수단으로서 문자 미디어에 미치는 인터넷의 영향력은 상상할 수 있는 수준을 훌쩍 넘어선 지 오래다. 그리하여 인터넷을 비롯한 각종 첨단 미디어를 매개로 한 문학이 더는 개별 국가와 특정 지역을 대상으로 하지 않고 그것의 경계를 자유롭게 넘나드는 문화 현상을 낳고 있다. 전 지구화 시대를 살면서 정치경제적 및 사회문화적 복합 요인들로 생겨났고 현재도 생겨나고 있는 디아스포라의 삶과 현실에 대한 문학적 관심사는 그 대표적 사례다.

'한인/한글 문학의 플랫폼'으로서 디아스포라 웹진《너머》는 2022년 11월 14일 첫걸음을 떼었다. 종래 우리에게 낯익은 종이 매체로서 문예지가 아닌 인터넷 미디어를 기반으로 한 웹진인 만큼 그것의 하드웨어/소프트웨어의 속성을 충분히 고려해야 하는 것은《너머》의 편집위원이 씨름해야 할 결코 만만찮은 과제다. 창간호를 준비하는 과정 동안 무엇보다《너머》의 편집 방향에서 중심축이 되어야 할 '디아스포라'에 대한 통념뿐만 아니라, '한인 디아스포라'에 대한 이해를 다듬어 나가는 공부를 했다. 특히, 그들의 언어가 '국어/모국어/모어'의 다층적 층위에서 통용되고 있음을 주목해야 했다. 그리하여 낯선 타방에서 한글 공동체가 직면한 역사의 격동 속에서 한글 사용이 점차 어려워지고 정치적 억압과 금기로 한글 사용 자체가 용납되지 않는 엄혹한 현실에서도 그들의 문학이 단절되지 않고 있는 경이로움을 만날 수 있(었)다.

《너머》는 그러므로 한인 디아스포라의 이러한 언어의 문제를

주목하되, 험난한 역사를 겪으면서도 한글 공동체를 유지해 온
문학적 움직임과 그 성취를 담아내는 데 주안점을 두기로 했다.
물론, 기존 인쇄 매체로서 문예지가 이러한 문제의식이 없었던
것은 아니다. 하지만 활자 미디어들은 가속화되는 전 지구화
시대의 삶과 현실에 기민하면서도 충분히 대응하는 데 물리적
한계를 갖게 마련이다. 그중 하나가 디아스포라(문학) 관련 사안일
터이다. 그래서 한국과 인접 지역 외에도 멀리 떨어진 곳의 삶의
현장에서 치열한 삶을 살고 있는 한인 디아스포라를 온전히
이해하는 새로운 문학 매체의 출현이 절실한바, 웹진《너머》가
주력해야 할 내용과 형식은 바로 이러한 요청과 직결된다.

## 《너머》의 편집을 위해

우선, 형식 면에서 웹진의 시각적 요소를 고민하지 않을 수 없다.
눈 밝은 독자는 알아챘겠지만, 창간호부터 2023년 겨울호까지
1년 동안 재소 고려인 작가이자 화가인 박미하일(1949- )의 사계절
그림을 통해 디아스포라적 존재와 그 삶을 아우르는 미적

감응의 파급력을 실감하게 된다. 그리고 웹진을 구성하는 각
목차들—'기획특집', '너머의 새 글', '너머의 시선들', '너머의
소식' 등—이 접근성과 가독성을 높인다.

　　《너머》의 뚜렷한 방향은 '기획특집'의 면모를 살펴보면
알 수 있듯이, 「디아스포라 한글 문학의 미래」(창간호), 「디아스포라
한글 문학의 현재」(2호), 「지구화 시대의 디아스포라 문학」(3호),
「디아스포라 문학의 소통과 연대」(4호), 「현대사의 쟁점과
디아스포라 문학」(5호)처럼 한인 디아스포라(문학)에 대한
문제의식에 집중하고 있다. 이 같은 기획 구성은 한인 디아스포라
문학에 대한 지속적이고 집중적 논의를 통해 웹진《너머》의
정체성을 보다 구체화하기 위해서다. 이러한 담론 작업은 시,
소설, 에세이, 논픽션 등 한글로서 문예적 글쓰기의 풍요로움으로
확인할 수 있다. 한국에서 발행하는 온·오프라인의 매체들에서

대부분 필자들의 활동 영역이 한국으로 국한되고 있음을 고려할
때 《너머》의 필자들이 전 세계 삶의 현장에서 글쓰기를 하고
있다는 것은 매우 소중하다.

　　이와 관련하여, 혹자는 묻는다. 필자들은 어떻게 선정되는가.
문예 매체에서 필자의 선정 문제는 매우 중요하다. 매호 필자를
누구로 할 것인가 하는 사안은 해당 매체의 질을 담보하는 데
결정적 요인이기 때문이다. 바로 여기서 편집위원의 평소 축적한
역량이 요구된다. 편집위원들은 각자의 문학 관심사 영역 안에서
글쓰기와 공부를 하며 매호 꼭지에 적합한 필자들을 고심하면서
선정한다. 편집위원 회의에서는 이렇게 선정된 필자들 중 가장
최적화된 필자를 선정하여 원고 청탁을 하는 합리적 절차를
거친다. 그런데, 《너머》는 다른 매체와 달리 '한인/한글 문학의
플랫폼'으로서 한인 디아스포라 문학에 비중을 두다 보니, 필자

선정 과정에서 국내 문예지의 그것보다 어려운 점이 한둘이
아니다. 가령, 적합한 필자를 선정한 후 원고 청탁 과정에서 해당
필자가 해외에 체류하는 가운데 연락이 도통 닿지 않는 경우가
있다. 해당 필자의 원고를 게재하기 위해 백방으로 수소문해
보지만 물리적 한계가 명확한 경우가 있다. 이외에도 더욱
심각한 어려움이 있다. 해외에 있는 해당 필자에 대한 구체적
정보가 많지 않기 때문에 생길 수 있는 문제로, (《너머》가 확고한
자리를 잡기 전까지는 한글 표현을 우선적으로 게재하기로 했다) 원고 청탁을
하는 과정에서 해당 필자가 한글로 글쓰기를 어려워한다는 것을
알았을 때의 곤혹스러움이다. 편집위원으로서 충분히 예상했던
어려움이듯, 이것은 《너머》가 초점을 맞추는 '한인 디아스포라'의
글쓰기의 현재에서 엄연히 마주한(할) 당면 과제가 아닐 수
없다. 한인 디아스포라뿐만 아니라 전 세계의 디아스포라적
존재가 직면하고 있는 언어의 문제야말로 디아스포라의 삶과
현실에서 핵심적 사안 중 하나다. 그래서 《너머》의 편집위원들은
한인 디아스포라의 한글 표현을 중시하되, 한인 디아스포라의
사회문화적 조건의 현실을 고려하여 한글 표현만을 고집할 게
아니라 사안에 따라서는 충실한 한글 번역을 매개로 한 글쓰기를
포괄하기로 했다.

## 《너머》의 매력들을 주목하며

이렇듯이 필자 선정 과정에서 어려움이 있지만, 《너머》의
특성상 다른 매체보다 의미 있고 참신한 꼭지들로 《너머》의
편집위원으로서 자긍심을 가져 본다. 그것은 '너머의 시선들'에
배치된 '사진 이야기'가 수행하는 웹진의 매력 때문이다.
계간으로 발행되는 웹진의 속성을 고려할 때, 독자들이

지속적이고 집중적으로 관심을 갖도록 할 개별 꼭지가 필요하다. 그래서 마련한 꼭지가 '사진 이야기'다. '사진 이야기'는 한인 디아스포라의 삶의 현장을 매달 인상적 사진과 그것이 지닌 이야기를 통해 전해 준다. 그동안《너머》는 압록강 접경 지역 중국의 단동에서 살고 있는 한인 디아스포라의 현장을 생동감 있는 이야기와 사진을 곁들여 소개했고,(창간호) 1937년 중앙아시아로 강제 이주 당한 재소 고려인의 아픈 상처의 역사를 응시했으며,(2호) 태평양 너머 미국으로 이주하여 새 이민의 역사를 쓴 미주 한인의 삶을 재현했다.(3호) 또한 일본 유학 중 비운의 죽음을 맞이한 윤동주와 그의 스승인 정지용의 시비(詩碑)와 시적 삶을 사진과 해설로 보여 주었고,(4호) 2023년 브라질 이주 60주년을 맞이하여 브라질의 한인 디아스포라의 삶을 소개하기도 했다.(5호) 웹진《너머》가 기존 활자 매체와 명확히 구분되면서 비교 우위의 가치를 확보하고 있는 것은 '사진 이야기'가 지닌 상징자본 덕분임을 아무리 강조해도 지나치지 않다. 비록 전문 사진작가가 찍은 사진이 아니어도 이것은 해당 지역을 살고 있는 사람과 편집위원이 직접 현장을 답사한, 말 그대로 장소의 현장성을 확보한 것이므로 기록적 가치를 확보한다.

　이처럼《너머》는 '한인/한글 문학의 플랫폼'으로서 디아스포라 웹진의 몫을 수행하기 위한 노력을 다하고 있다. 그렇다고 한인 디아스포라 문학만으로 편중하고 있지는 않다. '너머의 시선들' 속 '디아스포라 깊이 읽기'는《너머》가 전 지구적 디아스포라 문학과 동떨어져 있지 않다는 것을 보여 준다. 시와 소설에서 디아스포라 문학의 대표 작가의 작품을 선정하여 깊이 읽음으로써 디아스포라 문학이 지닌 세계문학적 성취를 독자들이

이해하도록 하는 데 도움을 주고 있다. 누르딘 파라(소말리아),
김시종(재일 코리안), 김은국(미국), 아나톨리 김(카자흐스탄), 마흐무드
다르위시(팔레스타인), 이회성(일본), 살만 루슈디(인도계 미국), 파블로
네루다(칠레), 아리엘 도르프만(아르헨티나), 압둘라자크 구르나(영국),
아도니스(시리아), 돈오 김(호주) 등의 디아스포라 문학을 통해
전 지구적 디아스포라의 삶과 현실의 구체적 모습의 깊이를
성찰함으로써 한인 디아스포라 문학이 이들 디아스포라 문학과

상호 침투하는 역동적 관계를 살펴볼 수 있는 기회를 제공하고 있다는 점에서 이 꼭지의 특징을 주목해 본다.

　기실, 이 꼭지를 기획하는 과정에서 나는 남아프리카공화국에서 누르딘 파라를, 그리고 일본과 한국에서 김시종을 수차례 만나 그들의 문학 세계의 비밀을 접한 경이로움을 떠올려 보고는 한다. 소말리아 태생인 누르딘 파라는 비록 정치적 망명자의 신세로 남아프리카공화국에서 문학 활동을 하고 있지만, 자신의 문학 세계의 심연에는 소말리아에서 어머니로부터 들었던 모어와 구술 전통의 각종 이야기들이 자리하고 있다고 한다. 그런가 하면 김시종은 제주 4·3 사건으로 목숨을 건 도일(渡日) 후 '재일 코리안-자이니치(在日)'로서 비루한 삶을 견디며 자신의 문학을 벼려 온 것을 고백하지 않았던가. 《너머》의 편집위원으로서 이들과의 만남은 한인 디아스포라 문학이 세계문학으로서 어떤 가치를 지니는지, 그리고 구미 중심의 세계문학의 변경으로서 자족하는 것을 넘어 세계문학을 새롭게 구성하는 데 '디아스포라 깊이 읽기'가 담당하는 매체의 역할을 주목하도록 한다.

## 《너머》의 성찰적 깊이를 위해

끝으로, 디아스포라 웹진 《너머》가 한국문학번역원의 기관지로서 편집위원이 비판적으로 경계해야 할 게 있다. 한인 디아스포라 문학이 자칫 언어 민족주의, 달리 말해 한글 중심주의에 매몰되어서는 안 된다는 점이다. 전 지구적 디아스포라 문학의 지평을 넓고 깊게 성찰하면서 한인 디아스포라 문학의 성찰적 깊이를 《너머》가 어떻게 창조적으로 수행할 것인지는 아무리 숙고해도 지나치지 않기 때문이다.

지구화 시대를 살아가면서 한인 디아스포라의 존재론적 정체성의 핵심 중 하나인 한글 사용은 점차 현실적 어려움에 직면하고 있다. 현재 주목받고 있는 한인 디아스포라 문학의 경우 한글이 아닌 현지어로 발표되고 있다. 따라서 《너머》가 언어 사용 면에서 한인 디아스포라 문학의 과거와 현재와 미래를 복합적이면서 진취적으로 접근해야 한다는 과제가 놓여 있다.

**서리북**

고명철
1998년 《월간문학》 신인문학상에 「변방에서 타오르는 민족문학의 불꽃: 현기영의 소설 세계」가 당선되면서 문학 평론가로 등단했다. 현재 광운대학교 국어국문학과 교수, 디아스포라 웹진 《너머》 편집위원으로 활동 중이다. 저서로는 『세계문학, 그 너머』, 『문학의 중력』, 『잠 못 이루는 리얼리스트』, 『뼈꽃이 피다』, 『칼날 위에 서다』 등 다수가 있고, 젊은평론가상, 고석규비평문학상, 성균문학상 등을 수상했다.

리뷰

서울
리뷰 오브
북스

# 마흔에 읽는 쇼펜하우어

## 마음의 위기를 다스리는 철학 수업

강용수 지음

### 하고 싶고 할 수 있는 것에 집중하라!
마흔의 삶에 지혜를 주는 쇼펜하우어의 30가지 조언

유노북스

『마흔에 읽는 쇼펜하우어』
강용수 지음
유노북스, 2023

# 베스트셀러 1위인 철학서를 어떻게 볼 것인가?

## 박찬국

### 들어가면서

『마흔에 읽는 쇼펜하우어』는 철학책으로서는 극히 보기 드물게 상당 기간 동안 베스트셀러 1위를 차지했던 책이다. 그 누구도 아르투어 쇼펜하우어에 관한 소개서가 이렇게 독일도 아닌 한국 땅에서 다른 모든 책을 제치고 베스트셀러 1위를 차지하게 될 것이라고는 예측하지 못했을 것이다. 이 책과 함께 그동안 독자들로부터 별 관심을 받지 못했던 쇼펜하우어의 책이나 잠언록 일부도 베스트셀러가 되었다. 국내의 수많은 사람이 쇼펜하우어와 철학에 대해서 큰 관심을 갖게 되었다는 점은 나를 비롯하여 철학을 전문적으로 연구하는 사람들이 감사할 일이다.

간혹 주위 사람들이 이 책이 어떻게 그렇게 많은 사람들의 관심을 끌게 되었는지 필자에게 묻고는 한다. 그러나 이 글은 어디까지나 책의 내용에 대해서 평하는 것을 목표한다. 따라서 여기서는 가히 쇼펜하우어 열풍이라고 할 만한 이러한 현상이 왜 일어났는지에 대해서는 언급하지 않겠다.

『마흔에 읽는 쇼펜하우어』는 쇼펜하우어에 대한 학술적인 연

아르투어 쇼펜하우어의 초상.(출처: 프랑크푸르트암마인대학교 도서관)

구서가 아니라 쇼펜하우어의 사상에 대한 대중적인 소개서다. 그
것도 본격적인 소개서라기보다는 쇼펜하우어의 사상에서 인생 교
훈을 끌어내는 데 목표를 두고 있다. 따라서 우리는 이 책을 학술
서를 평가하듯이 평가해서는 안 될 것이다. 다시 말해 우리는 이
책에서 쇼펜하우어의 사상에 대한 깊이 있고 창의적인 해석을 기
대해서는 안 되며, 그런 관점에서 평가하는 것은 적절하지도 않다.
이 책을 읽은 독자들이 많은 감화를 받았으면 저자가 이루고자 했던 목표를 이루었다고 할 수 있다. 이 책에 대한 온라인 서점의 댓글을 보면 몇몇 예외를 제외하고는 대체로 찬양 일색이다. 따라서 철학이나 쇼펜하우어를 전문적으로 연구하지 않은 사람들에게는 이 책이 상당한 감화를 준 것으로 볼 수 있다.

　사람들은 나에게 이 책이 과연 베스트셀러 1위가 될 정도로 좋은 책이냐고 묻고는 한다. 그러나 동일한 책이라도 대중 독자가 보는 시각과 전문적인 연구자가 보는 시각은 다를 수 있다. 전문적인 연구자가 보기에는 문제가 있는 책도 대중 독자들에게는 많은 감명을 줄 수 있다. 따라서 이 책이 얼마나 좋은 책이냐에 대한 평가는 다양할 수 있다고 생각한다. 여기서는 이 책에서 수정해야 한다고 여겨지는 점들을 지적하는 것으로 이 책에 대한 평가를 대신하고 싶다. 이 책은 앞으로도 쇼펜하우어에 관심을 갖는 사람들이 많이 구입할 책이라고 여겨진다. 따라서 저자와 출판사는 이러한 점들을 참조하여 개정판을 내주면 좋겠다.

## 몇 가지 문제

우선 기본적인 사실관계가 잘못된 부분이 눈에 띈다. 저자는 쇼펜하우어가 40대에 이름이 알려지고 나서부터 죽기 전까지 행복을 누렸다고 말한다. 그러나 쇼펜하우어는 63세에 큰 명성을 얻기 전까지는 그다지 행복한 삶을 누렸다고 보기 어렵다. 쇼펜하우어가 40대에 이름이 알려지기 시작했다고 하더라도 그것은 극히 일부 사람들에게 국한된 이야기다. 212쪽 두 번째 문단에서 플라톤이 『행복론』이라는 책을 쓴 것으로 이야기한 것 역시 잘못되었다. 플라톤의 저술 가운데 『행복론』이라는 책은 없다.

　쇼펜하우어의 사상에 대한 소개와 관련해서도 몇 가지 지적하고 싶은 내용이 있다. 첫째, 쇼펜하우어의 성격론에 대한 저자의 서술에는 오해가 보인다. 저자는 이렇게 쓰고 있다.

> 쇼펜하우어는 성격이 불변한다는 입장에는 변함이 없지만, 교육으
> 로 제2의 성격을 만들 수 있다고 했다. 이것이 후천적으로 획득된 성
> 격이다. 후천적으로 성격을 바꿀 수 있다면 노력 여하에 따라 누구나
> 행복해질 수 있다.(70쪽)

일단 "쇼펜하우어는 성격이 불변한다는 입장에는 변함이 없
지만, 교육으로 제2의 성격을 만들 수 있다고 했다"라는 문장은 전
후가 모순되는 문장이다. 더욱이 쇼펜하우어는 이렇게 모순된 주
장을 하지 않았다. 저자가 이렇게 주장하는 것은 쇼펜하우어가 말
하는 후천적으로 획득된 성격에 대해서 오해했기 때문이라고 여
겨진다. 쇼펜하우어가 말하는 '후천적으로 획득된 성격'이란 교육
이나 노력을 통해서 변화된 성격이 아니다. 그것은 장기간의 인생
경험을 통해서 알게 된 자신의 성격을 가리킨다.

쇼펜하우어에 따르면, 인간은 성격을 타고나지만 자신의 성
격이 어떤지는 태어나면서부터 바로 아는 것이 아니라 장기간의
인생 경험을 통해서 알게 된다. 그리고 이렇게 알게 된 자신의 성
격에 따라서 행동하는 것이 마음의 평안을 얻는 데 도움이 된다.
예를 들어 인색한 성격으로 타고난 사람이 남이 큰 기부를 통해 뭇
사람의 찬양을 받는 것을 보고 충동적으로 따라 하면, 결국은 크게
후회하게 된다. 쇼펜하우어가 말하는 '획득된 성격'을 이렇게 해석
하면, 그것은 성격은 변하지 않는다는 쇼펜하우어의 주장과 모순
되지 않는다.

둘째, 고통의 해법에 대한 쇼펜하우어의 사상에 대한 서술과
관련해서 저자는 이렇게 말한다.

인도 철학에 영향을 많이 받은 쇼펜하우어가 제시한 고통에 대한 해법은 해탈이 아니라 '태어나지 않았더라면' 하는 생각을 지니면서 견디는 것이다.(90쪽)

그런데 저자의 주장과는 달리 쇼펜하우어는 『의지와 표상으로서의 세계』에서 고통에 대한 궁극적인 해법으로 욕망을 부정하는 해탈을 들고 있다. 쇼펜하우어가 고통에 대한 해법으로 '태어나지 않았더라면'이라는 생각을 지니면서 견디기를 제시했다는 주장은 처음 듣는 이야기다. 쇼펜하우어의 저술들에서 그러한 주장을 찾기는 어려우리라 생각한다.

셋째, 쇼펜하우어의 예술관에 대한 서술에도 오해가 보인다. 저자는 이렇게 적고 있다.

침대로 예를 들면, 그 원형인 설계도가 있고, 그것을 모방한 침대가 있다면, 회화는 모방한 것의 모방이 된다. 이처럼 많은 작품이나 예술은 모방을 한 경우가 많다.(117쪽)

하지만 쇼펜하우어는 회화와 같은 조형 예술이 현실적인 사물을 모방하는 것이 아니라, 현실적인 사물들의 이상적인 원형인 이데아를 드러내는 것이라 보았다. 조형 예술이 현실의 사물을 모방한 것으로 본 사람은 플라톤이다.

넷째, 자살에 대한 쇼펜하우어의 사상을 다룬 서술의 경우, 저자가 말하는 것처럼 쇼펜하우어가 사실은 살고 싶어 하면서도 현재 겪고 있는 고통을 이기지 못해서 하는 자살을 부정적으로 본 것은 맞다. 이러한 자살은 생존 욕망의 근절이 아니라 사실은 생존 욕망이 표현되는 부정적인 방식일 뿐이다.

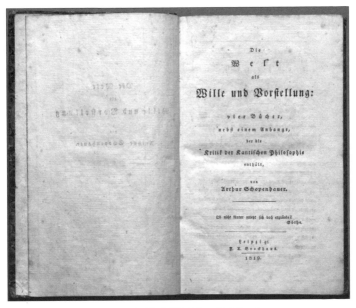

1819년 출간된 『의지와 표상으로서의 세계』 초판본. © Foto H.-P.Haack
(출처: 위키피디아)

그렇다고 해서 쇼펜하우어가 모든 종류의 자살을 부정한 것
은 아니다. 『의지와 표상으로서의 세계』에서 쇼펜하우어는 삶에
의 의지를 철저하게 부정하는 금식을 통한 아사는 긍정적으로 보
았다. 이러한 자살은 생존 욕망의 부정적인 표현이 아니라 생존 욕
망을 적극적으로 부정하는 것이기 때문이다. 이러한 점을 고려할 때
쇼펜하우어가 금식을 권장한 것은 아니라고 쓰고 있는 부분(95쪽)
은 전체적으로 다시 쓸 필요가 있다고 여겨진다.

다섯째, 저자는 쇼펜하우어의 지성관과 플라톤의 지성관이
서로 대립하는 것처럼 쓰고 있지만, 이 역시 사실과 다르다. 저자는
이렇게 쓰고 있다.

예를 들어 플라톤은 인간이 이성으로 이 세계의 본질인 이데아를 인식할 수 있다고 봤다. 그러나 쇼펜하우어에게 지성은 이 세계가 무엇으로 돼 있는지, 이 세계의 목적이 무엇인지 아는 데 이르지 못한다.(80쪽)

그런데 쇼펜하우어가 비판하는 지성은 주로 과학적인 지성일 뿐, 플라톤이 말하는 '이데아를 인식하는 지성'은 아니다. 쇼펜하우어는 플라톤을 극히 높이 평가했으며 플라톤이 말하는 이데아에 대한 인식을 이데아에 대한 예술적인 직관과 유사한 것으로 보았다.

115쪽에서는 저자도 플라톤이 말하는 이데아에 대한 인식을 쇼펜하우어가 말하는 예술적인 인식과 유사한 것으로 말하고 있다. 그런데 이렇게 되면 80쪽의 주장과 115쪽의 주장은 서로 모순되는 결과가 빚어진다.

여섯째, 라이프니츠의 사상에 대해서 전후 맥락과 맞지 않는 이야기를 하고 있다. 이에 대해 저자는 이렇게 말한다.

인간이라면 누구나 쇼펜하우어처럼 신세를 한탄해 봤을 것이다. 그런데 반대로 그런 투정 때문에 삶은 가장 좋은 것이 된다. 철학자 라이프니츠는 이 세계를 '가능한 세계 중 최상의 세계'라고 말한 바 있다. 우리가 살고 싶지 않다는 말은 그만큼 살고 싶다는 뜻이다.(92-93쪽)

라이프니츠가 이 세계를 '가능한 세계 중 최상의 세계'라고 말한 것은 이 세계가 완전한 존재인 신이 창조한 세계이기 때문이다. 쇼펜하우어는 라이프니츠의 이런 사상을 기독교에 아부하는

프랑크푸르트 공동묘지에 자리한 쇼펜하우어의 묘.(출처: 위키피디아)

황당한 사상으로 보았다. 따라서 여기서 라이프니츠의 사상을 끌어들이는 것은 부적절하다고 여겨진다.

　일곱째, 이 밖에 서로 모순되는 부분들도 존재한다. 25쪽에서 저자는 쇼펜하우어는 욕망을 잘 다스릴 때 주체적으로 행복한 삶이 가능하다고 보았다고 말하고 있다. 쇼펜하우어의 이러한 행복관은 이성을 통해서 욕망을 절도 있게 실현하는 것이 행복이라고 본 아리스토텔레스의 행복관과 동일하다고 할 수 있다. 저자 역시 7쪽에서 쇼펜하우어는 『소품과 부록』*에서 아리스토텔레스의 행복론을 바탕으로 자신의 사상을 재구성했다고 말하고 있다.

　그런데 25쪽 세 번째 문단에서부터 26쪽 두 번째 문단에 이르는 부분에서 저자는 아리스토텔레스와 쇼펜하우어의 행복관을 서로 대립하는 것으로 보고 있다. 즉 저자는 아리스토텔레스는 인간이 이성을 최대한 발휘하는 것이 행복이라고 본 반면에, 쇼펜하우어는 인간은 이성적인 존재가 아니라 욕망의 존재이기 때문에 행

---

* 국내에는 『쇼펜하우어의 행복론과 인생론』(을유문화사, 2023)이라는 제목으로 번역·출간되었다.

복을 이룰 수 없는 망상으로 보았다고 쓰고 있다.*

　　여덟째, 논리적인 연관성이 불분명한 부분들이 상당수 있다. 예를 들어 저자는 이렇게 쓰고 있다.

> 마흔부터 쾌락의 양을 늘려 나가기보다는 고통을 줄여 나가는 방법이 더 현명해 보인다. 쇼펜하우어는 40대를 견디고 나서부터 70회 생일이 2년 지난 후 1860년 9월 21일 눈을 감을 때까지 행복한 시간을 보냈다. 사후에나 인정받을 줄 알았던 그의 책이 인정받고 사회적 명성을 얻은 덕분이다.(29쪽)

　　첫 번째 문장과 바로 이어지는 두 번째와 세 번째 문장들 사이에는 논리적인 연관성이 부족할 뿐 아니라 서로 모순되는 면마저 있다.

　　'마흔부터 쾌락의 양을 늘려 나가기보다는 고통을 줄여 나가는 것이 행복해질 수 있는 방법'이라면, 쇼펜하우어가 행복하게 된 것도 쾌락의 양을 늘려 나가기보다는 고통을 줄여 나가는 훈련을 했기 때문이라고 말하는 것이 논리적으로 일관성이 있을 것이다. 이 경우 고통을 줄여 나가는 것은 갑자기 유명해지는 것 같은 요행이 아니라 오히려 욕망을 절제하는 것을 통해서 가능하다. 이렇게 논리적인 연관성이 부족하거나 석연치 않은 문장들을 일일이 다 지적할 수는 없지만, 이런 부분들이 상당수 있다.**

───────────

\* 이 부분뿐 아니라 이렇게 모순되는 부분들은 31쪽에서 35쪽 사이에서도 보인다.
\*\* 또 하나의 예를 들자면, 89쪽의 마지막 문단도 여기에 해당한다.

## 나가면서

독자들의 댓글을 보면 이 책을 통해서 쇼펜하우어의 사상을 쉽게 잘 이해할 수 있었다는 것들이 상당히 많다. 그러나 이 책은 쇼펜하우어의 사상에 대한 본격적인 소개서라기보다는 쇼펜하우어의 사상에서 삶에 대한 교훈을 얻어내는 데 목표를 두고 있다. 따라서 이 책을 통해 쇼펜하우어 사상의 전체 상을 제대로 파악하기는 쉽지 않다. 다시 말해 이 책을 통해서는 쇼펜하우어의 인간관과 형이상학 그리고 예술관과 종교관이 어떤 식으로 하나의 체계를 이루고 있는지를 알기 어렵다. 또한 이 책을 통해서는 쇼펜하우어의 생애나 그의 사상이 형성되었던 시대적·사상적 배경과 사상의 발전 과정도 알기 어렵다. 따라서 '함께 읽기' 지면에서 두 책을 소개하고 싶다. 두 책 모두 대중 독자들이 쉽게 이해할 수 있는 교양서다.

**서리북**

박찬국
서울대학교 철학과 교수. 저서로는 『사는 게 고통일 때, 쇼펜하우어』, 『쇼펜하우어와 원효』, 『니체와 하이데거』, 『니체와 불교』 등이 있고, 역서로는 『선악의 저편』, 『도덕의 계보』, 『이 사람을 보라』 등이 있다.

📖 이 책은 내가 쓴 쇼펜하우어에 대한 대중적인 소개서다.
쇼펜하우어 사상의 전체적인 내용을 제대로 알고 싶은
독자들에게 추천하고 싶다.

"쇼펜하우어가 사는 게 고통이라고 넋두리만 늘어놓았던
것은 아니다. 그렇다면 그는 위대한 철학자로 인정받지
못했을 것이다. 그는 왜 삶이 고통이고, 고통에서 어떻게
하면 벗어날 수 있는지를 치열하게 고민하면서 우리가 귀를
기울일 만한 소중한 통찰을 제시했다."—책 속에서

『사는 게 고통일 때,
쇼펜하우어』
박찬국 지음
21세기북스, 2021

📖 쇼펜하우어의 생애와 그의 사상이 형성되었던
시대적·사상적 배경 그리고 사상의 발전 과정에 대한 상세한
평전이다. 내용도 좋고 번역도 훌륭하다.

"나는 철학을, 그리고 쇼펜하우어의 삶과 문화사적 상황을
이야기하면서 철학에 대해 숙고하려고 감히 시도한다. 당시
철학을 만들어 냈던 인물들은 사망했지만 그들의 사유는
살아 있다."—책 속에서

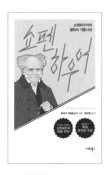

『쇼펜하우어』
뤼디거 자프란스키 지음
정상원 옮김
이화북스, 2020

『광해군: 탁월한 외교정책을 펼친 군주』 한명기 지음, 역사비평사, 2018, 제2판

『광해군: 그 위험한 거울』 오항녕 지음, 너머북스, 2012

『모후의 반역: 광해군대 대비폐위논쟁과 효치국가의 탄생』 계승범 지음, 역사비평사, 2021

# 조선 국가론을 향하여:
# 광해군과 '인조반정'을 둘러싼 논쟁의 재검토

## 김영민

광해군(1575-1641)의 일생은 어떤 이유로 연구할 가치가 있을까. 특이하게도 왕위에서 쫓겨난 사람이기 때문일까. 그런 사람으로는 노산군(단종)과 연산군도 있으니, 광해군이 유일한 사례는 아니다. 유달리 광해군의 생애는 임진왜란, 인조반정, 정묘호란, 병자호란 등 국가 차원의 극적 사건들로 점철되어 있다. 그리고 "1910년 조선이 일본제국주의의 식민지로 강제 병합된 것은 1623년 인조반정 때문"이라는 주장이 제기될 정도로 광해군 시대의 여파가 크다고 보는 많은 사람들이 있다.(오항녕, 『광해군: 그 위험한 거울』, 6쪽) 광해군을 어떻게 평가하든, 광해군 시대가 조선사의 변곡점이라는 데 많은 학자들의 의견이 일치한다. 과연, 광해군은 조선사 전체를 들여다보게 해주는 창문일까. 창문이라면 어떤 창문일까.

### 광해군에 대한 긍정적 평가

광해군에 대한 평가는 20세기 이전과 이후가 극명한 대조를 이룬다. '인조반정'* 이래 19세기까지는 부정적 평가가 대부분이었다.

---

\* 인조반정(仁祖反正)이란 1623년 능양군과 서인 등의 세력이 광해군 및 집권 세력을

경기도 남양주시에 위치한 광해군과 부인 유 씨의 묘.(출처: 『광해군: 탁월한 외교정책을 펼친 군주』,
16쪽, 역사비평사 제공)


그러나 현대는 다르다. 광해군에 대한 저서 수준의 현대적 연구는
일본의 이나바 이와키치(稲葉岩吉, 1876-1940)의 『광해군 시대의 만
주와 조선의 관계(光海君時代の満鮮関係)』(1934)로 소급된다. 이 연구
에 따르면, 광해군은 중립 외교를 통해 백성들에게 혜택을 준 훌륭
한 군주였다. 이 긍정적 평가는 오랫동안 바뀌지 않는다.*

  2000년, 전문가에 의한 광해군 관련 저서가 다시 한번 출간
되었다. 한명기가 쓴 『광해군: 탁월한 외교정책을 펼친 군주』는
"탁월한 외교정책을 펼친 군주"라는 부제가 보여 주듯이 광해군

---

몰아내고, 능양군을 새로운 왕(인조)으로 세운 사건을 말한다. 인조 세력의 입장을 반
영한다는 점에서 '인조반정'이라는 용어 사용에 대한 논란이 있다. 그 점을 감안하여
이 글에서는 따옴표를 사용한다. 계승범은 인조반정 대신 계해정변이라고 부른다.
* 이 점에 관한 한 이병도나 북한 학계도 예외가 아니다. 북한 학계 동향에 대해서는 오
항녕, 『광해군: 그 위험한 거울』(너머북스, 2012), 15쪽 참조.

의 긍정적 면모를 부각하는 데 집중한다. 광해군만큼 "기민하게 국제 정세 변화에 대처하려 했던 군주는 일찍이 없었다."(한명기, 『광해군: 탁월한 외교정책을 펼친 군주』, 7쪽) 그렇다면 한명기와 이나바 이와키치 간에 관점 차이가 있을까? 한국사의 자주성을 부인하는 『광해군 시대의 만주와 조선의 관계』와 달리, 자신의 저서는 "한국사의 전개 과정 속에서 고찰"한 결과라고 한명기는 자부한다.(한명기, 32쪽)

　한명기가 생각하는 한국사 전개 과정은 조선시대에 그치지 않고 현대 한국까지 포괄한다. 실로 『광해군: 탁월한 외교정책을 펼친 군주』의 가장 특징적인 면은, 광해군이라는 과거의 인물로부터 현대 한국인을 위한 교훈을 찾는 데 있다.(한명기, 5쪽, 8쪽) 한명기가 생각하는 현대 한국의 현실은 다음과 같다. "우리는 과연 우리 스스로를 추스르고 열강의 입김을 넘어서서 민족 통일을 이루어낼 수 있을까? 안으로는 민족 화해를 위한 대승적인 아량이, 밖으로는 열강을 구슬릴 수 있는 외교적 지혜가 절실한 시점이다."(한명기, 9쪽) 광해군으로부터 구체적으로 어떤 외교적 지혜를 배우나? 외국 동향을 파악하려는 자세, 동향을 파악해 내는 냉철함, 그에 따라 자강책을 마련하고자 한 시도를 배워야 한다고 한명기는 주장한다.(한명기, 314-315쪽)

　그 정도 자세를 배우는 것이라면 굳이 먼 과거의 인물인 광해군에까지 거슬러 올라갈 필요가 있을까. 실천하기 어려워서 그렇지, 국제 정세를 냉철히 파악하고 자강해야 한다는 정도의 인식은 널리 퍼져 있다. 그리고 그 정도의 인식은 광해군을 통하지 않더라도 다양한 경로를 통해 배울 수 있다. 하필 광해군일 필요가 있을까? 이 질문에 답하려면 광해군(시대)의 복합적인 면—밝은 면과 어두운 면—을 두루 살펴야 한다. 『광해군: 탁월한 외교정책을 펼친 군주』는 그중 밝은 면에 집중하고 있다는 인상을 지우기 어렵다. 특정 인물로부터 오늘날의 교훈을 추출하겠다는 강렬한 문제의식이 탐구 대상의 한 면만을 드러낸 것은 아닐까.

## 광해군에 대한 부정적 평가

바로 그래서 오항녕이 정반대의 시각에서『광해군: 그 위험한 거울』을 쓴다. 책 제목이 보여 주듯이 광해군에 대한 오항녕의 평가는 부정적이기 짝이 없다. 그러면 왜 광해군이 20세기에 그토록 긍정적인 조명을 받았던 것일까. "빨리 중세를 해체하고 근대로 와야 했는데, 그렇지 못했다. (……) 즉 조선을 유지시킨 요인은 바로 광해군을 폐위하고 인조가 즉위했던 계해년(1623)의 반정이었다. 근대주의적 역사관에 의해 인조반정이 부정적으로 인식된 결과, 광해군이 재평가받으며 부활할 수 있었다."(오항녕, 21-22쪽) 이런 관점에서 보면, 한명기나 이나바 이와키치나 별 차이가 없다. 두 사람 모두 "근대주의적 역사관"에 침윤된 나머지 광해군을 사실과 다르게 긍정적으로 평가한 것이다. 오항녕은 한국사를 "조선이 근대화되지 못한 것을 답답해하기보다 아예 근대 문명의 출구를 찾을 대안의 하나로 고민"(오항녕, 9쪽)하자고 제안한다. 그리고 자신의 저서가 "21세기 초입에 시도하는 새로운 반정(反正)"(오항녕, 23쪽)이라고 선언한다. 자기 저서의 도전적 성격을 의식하고 있는 오항녕은 이렇게까지 말한다. "어쩌면 자꾸 떠든다고 날 참수하려 들지도 모를 일이다. 그러나 학문은 다수결이 아니다."(오항녕, 17쪽)

　오항녕이 보기에 광해군의 시대는 어떠했나? 흔히 내치의 업적으로 대동법 시행을 거론하지만, 사실 광해군은 대동법을 반대하거나 이해하지 못했을뿐더러 대동법 실패의 원인을 제공했다. "대동법의 좌절에는 광해군 대 내내 지속된 토목 공사가 한몫을

조선 후기 김후신이 그린 〈양수투항도(兩帥投降圖)〉. 도원수 강홍립과 부원수 김경서가 후금의 누르하치에게 항복하는 장면을 묘사한 것으로, 『충렬록』에 실려 있다. (출처: 『광해군: 탁월한 외교정책을 펼친 군주』, 223쪽, 역사비평사 제공)

톡톡히 했다.”(오항녕, 168쪽) 외교는 어떠했나? 대외적으로 외교는 무원칙하고 기회주의적인 성격을 띠었고(오항녕, 212쪽, 341쪽), “조· 명 외교 관계를 뇌물로 어지럽히면서 경제적인 곤궁까지 자초”(오항녕, 81쪽)했다. ‘인조반정’은 왜 일어났는가? 광해군이 조선의 문치주의 시스템을 붕괴시킴에 따라 폐위된 것이다.(오항녕, 212쪽)

　『광해군: 그 위험한 거울』은 광해군의 내치에 집중하는 데 그 특징이 있다. “외교를 살펴본 대목도 여기에 들어갈 수 있으나 이번 연구에서 큰 비중은 없다.”(오항녕, 31쪽) 외교보다 내치에 치중한 것은 한명기 연구의 빈 곳을 메워 주는 장점이 되는 동시에, 한명기의 주장과 정면 대결하지 않는 단점이 되기도 한다. 내치의 문제점은 한명기도 인정하기에,(한명기, 312쪽) 광해군의 긍정적 평가에 도전하기 위해서는 외교 분석에 좀 더 공간을 할애해야 하지 않았을까.

오항녕도 광해군을 한국사 전개 과정 속에서 고찰한다. 그러나 그 고찰 내용은 한명기의 그것과 크게 다르다.

> 조선 사회와 인민들은 광해군 15년 동안의 시간을 '잃어버렸다.' 민생 회복, 사회 통합, 재정 확보, 군비 확충, 문화 발전 등 어느 하나 제대로 이룬 것이 없이 오히려 그 반대로 흘러갔다. 그 15년을 잃지 않았다면, 동아시아 판도는 달라졌을 것이다. 중원의 판도까지 좌우할 수는 없더라도 동아시아 외교에서 발휘할 수 있는 주체적 운신의 폭은 훨씬 넓었을 것이다.
>
> 조선 사람들이 임진왜란의 경험을 허투루 버려두지도 않았을 것이며, 사회 안정과 생산력 제고는 자강의 질과 수준을 높였을 것이다. 사림의 헌신적인 리더십과 인민들의 발랄한 생활력이 만나 역동적이고 창의적인 문화를 아름답게 꽃피웠을 것이다.(오항녕, 362쪽)

## 광해군 시대에 대한 종합적 평가

오항녕은 자신의 저작이 기존 통설에 정면 도전하는 위험한 저작이라고 자평했지만, 계승범의 생각은 다르다. 계승범은 『광해군: 그 위험한 거울』에 대한 서평에서 이 책을 조선시대 관점으로 회귀한 저작이라고 간주한다. 계승범은 한명기와 오항녕 저작의 의의를 인정하면서도 "일일이 거론하려면 끝도 없"*다며 그 한계를 조목조목 지적한다. 그리고 "두 저자 모두 좀 더 사실적이고 객관적인 연구를 할 수 있었음에도 불구하고, 자신의 입장에 따라 광해군의 이미지를 만들어 냈다"**고 평가한다. "광해군 시대 전반에

---

* 계승범, 「광해군, 두 개의 상반된 평가」, 《한국사학사학보》 32, 2015, 510쪽.
** 같은 글, 520쪽.

대한 종합적이고도 심층적인 연구서가 필요한 시점"*이라는 서
평의 마지막 문장은, 그 저작들이 종합적이고 심층적이지 못했다
는 선언이다.

　　몇 년 뒤 그 "종합적이고 심층적인 연구"를 표방한 책을 자신
이 출간한다. 계승범의 『모후의 반역: 광해군대 대비폐위논쟁과
효치국가의 탄생』은 인목대비 폐위**와 '인조반정'에 초점을 맞추
고 있지만, 광해군의 어린 시절부터 검토할 뿐 아니라 기존 논의의
장단점을 두루 짚고 있어서, 광해군 시대 전체에 대한 연구라고 해
도 과언이 아니다. 그래도 책의 핵심은 인목대비 폐위 논쟁을 충과
효의 우선순위 문제로 규정한 데 있다. 대비와 군주가 비상한 갈등
관계에 빠졌을 때, 군주에 대한 충성과 모후(혹은 대비)에 대한 효도
중 어느 가치가 우위에 서야 하는가? 이것이 인목대비 폐위 논쟁
의 본질이었다는 것이다. 계승범은 일찍이 한명기가 유사한 관점
을 제시한 적이 있음을 알고 있다.*** 그러나 "다만 충과 효의 문제
를 마치 화두처럼 툭 던져 놓고는 실제 내용이 없다"(계승범, 『모후의
반역: 광해군대 대비폐위논쟁과 효치국가의 탄생』, 24쪽)고 평가하고, 본격적으
로 충/효 대결 프레임을 사료 해석에 적용한다.

　　　결국 이 논쟁의 핵심은 효의 적용 범위였다. 효를 절대 가치로 간주
　　하여 그 적용에 어떤 제한도 두지 않으려는 폐위 반대론자들의 논리
　　나, 효를 충에 대한 상대적 가치로 이해하여 그 적용에 예외적인 경
　　우를 두려는 폐위론자들의 논리나 모두 일리가 있었다. 두 논리가 다
　　유교, 심지어 주자학의 테두리 안에서 얼마든지 가능하였다. 따라서

---

* 같은 글, 522쪽.
** 1618년 대비였던 인목왕후를 폐위하고 서궁(西宮)에 유폐시킨 사건을 지칭한다.
*** 한명기, 「폭군인가 현군인가 광해군 다시읽기」, 《역사비평》 44, 1998.

이 사안은 어느 누구도 정답을 단정하여 말할 수 없는 성격의 문제였다.(계승범, 252쪽)

폐위 논쟁을 이렇게 정리한 뒤, 이어서 1623년 '인조반정'의 함의를 탐구한다. '인조반정'으로 인해 폐위 반대론자들이 득세하게 되자, "1623년 이후 효의 가치는 어떠한 경우에도 절충할 수 없다는 명제가 조선 유학의 한 규범으로 확실하게 굳어지기 시작하였다. 성리학적 테두리 안에서 사뭇 자유롭게 토론할 수 있었던 주제가 그 이후로는 토론하자며 입에 올리기도 힘들 지경으로 변한 것이다."(계승범, 288쪽) 그리고 이는 한국사 전체 흐름과 조선 국가 성격에 심대한 영향을 끼친다. 보다 구체적으로, 중국 성리학과는 다른 효 중심의 "학풍도 배타적으로 경직"(계승범, 344쪽)된 조선 성리학이 탄생했고, "효라는 깃발만 힘차게 나부끼는 '이상한' 유교국가"인 "효치국가"가 탄생했다.(계승범, 350쪽) 그런데 계승범의 효치국가론은 본격적으로 전개되지 않는다. 그가 말하는 효치국가는 이론적인 설명이 결여되어 있을 뿐 아니라 사료상의 전거도 부족하다. 다시 말해서, 책의 부제인 "광해군대 대비폐위논쟁과 효치국가의 탄생"에서 "광해군대 대비폐위논쟁" 부분은 학술적으로 탐구된 데 비해, "효치국가의 탄생" 부분은 학술적으로 다루어지지 않았다고 해도 과언이 아니다.

계승범은 '인조반정'이 야기한 변화를 이렇게 정리한 뒤, 이어서 '근대화 과정'에서 함의를 짚어 본다. 19세기 중반 이래 제국주의 침략에 맞서기 위해서는 국왕 중심의 강력한 국가 리더십이 필요했다. 그런데 '효'가 '충'을 압도하는 나라에서는 그러한 국가 리더십이 출현할 수 없었다. 그 점은 천황을 중심으로 근대화를 선도적으로 달성한 일본과 대비된다.(계승범, 362-363쪽) 이처럼 대담

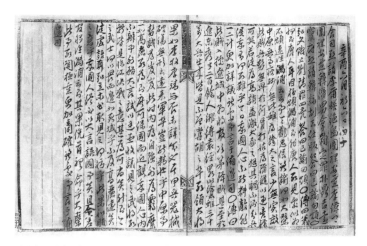

태백산본 『광해군일기』 1621년 6월 6일조.(출처: 『광해군: 탁월한 외교정책을 펼친 군주』, 24쪽, 역사비평사 제공)

한 담론은, "인목대비 폐위 논쟁이 조선 왕조의 진화 과정에서 어떤 역사적 의미를 갖는지에 대한 거시적이고도 종합적인 담론 생산이 전혀 없다"(계승범, 25쪽)는 비판적 인식에 기초한 것이다. 계승범은 "구체적 논증보다는 가벼운 담론처럼 되새김질"(계승범, 358쪽)하겠다고 했으나, 그가 제기한 거시적인 주장은 그 정도로 소략하게 다룰 사안이 아니다. 그것은 또 하나의 책이 필요할 정도로 거대한 주제라는 점에서, 『모후의 반역』은 미완의 저작이라는 인상을 남긴다.

## 오수창의 전면적 비판

이어서 해당 분야 전문가인 오수창이 『모후의 반역』 서평을 썼다. 이 서평은 강렬한 비판의 정념으로 가득 차 있다. 그에 따르면, 계승범은 "매우 기초적이고 중요한 사항조차"* 확인하지 않고,

---

* 오수창, 「조선시대 대비 지위와 인조반정의 재검토: 계승범 교수의 『모후의 반역』 비

"단순한 실증 오류에 그치지 않고 역사학 연구 방법과 조선시대사
이해에 짙은 그림자를 길게 드리울 수 있다는 우려"*를 자아내
는 저작을 내놓았으며, "전거 오류를 넘어 사료 조작에 해당"**
하는 극히 심각한 잘못을 범했고, 주희 관련 중요한 인용은 "전
면 오류고 그 해석도 실패"***했다. 그뿐 아니라, 한국사의 거
시적 전개를 논한 "「에필로그」에 대해서는 논리적 토론이 부질
없"****고, 책의 "주요 논지는 모두 오류"*****이고, "조선시대
정치 원리를 이해하지 못"했다.****** 오수창이 보기에 『모후의
반역』은 출간되지 말았어야 할 책이다. 오수창은 "저자가 책머리
에서 강조한 대로 인문학 학술 원고를 제대로 심사하여 출판 여부
를 결정해야 할 까닭을 새삼 절감했다"*******고 말한다.

　계승범뿐 아니라 우리 사회의 '인조반정' 이해가 크게 잘못되
어 있다고 오수창은 판단한다. "우리 사회에는 인조반정의 의미를
냉정하게 검토하기보다, '왕조 체제를 부정하는 성격을 갖는 시대
착오적 쿠데타'라는 규정처럼 부정 일변도의 인식이 널리 퍼져 있
다."******** 오수창이 보기에, 인목대비 폐위는 당대의 정치 원리를
위반한 잘못이고, '인조반정'이야말로 그 잘못을 바로잡은 행위다.
어째서 그러한가? 오수창은 "절차와 형식 면에서 대비의 명령에
따라 이루어졌고, 현실적으로 당대 정치 세력의 전반적 동의를 받

판」, 《역사비평》 140, 2022, 527쪽.

* 같은 글, 529쪽.

** 같은 글, 540쪽.

*** 같은 글, 550쪽.

**** 같은 글, 549쪽.

***** 같은 글, 546쪽.

****** 같은 글, 550쪽.

******* 같은 글, 551쪽.

******** 같은 글, 544쪽.

았다는 점에서, 인조반정을 원천적으로 왕실이 핵을 이루는 조선의 정치 체제가 정상적으로 작동한 사건"으로 보았다.* "광해군이 주재하던 반역 상황을 바로잡은 사건으로서, 일어날 수밖에 없었고 이념적으로 정당한 사건이었다."**

　이러한 오수창의 견해를 뒷받침하는 것은 그 나름의 관련 사료 독해와 조선 국가론이다. 계승범은 오항녕의 저서를 두고 "편파적인 사료 인용과 해석 문제를 짚어 볼 필요가 있다. 책의 전편에 걸쳐 숱한 사례가 이어지지만"***이라고 비판한 바 있는데, 이번에는 오수창이 계승범의 저서를 두고 그보다 더 가혹한 평가를 내린다. 그리고 조선의 주권이 왕실에 있으며, 왕실의 일인자는 대비이므로, 군주조차 대비에게 효도보다는 충성을 바쳐야 했다는 기본적인 사실조차 모른다고 계승범을 비판한다.

　대비의 왕실 내 서열이 최상위에 있다는 사실은 계승범을 포함한 많은 학자들이 이미 잘 알고 있다. "인목대비는 선조의 적계비(嫡繼妃)로서 명실공히 당시 조선의 왕실 서열 1위인 대비"(계승범, 200쪽)로서 "정변 직후 광해군을 폐위하고 인조가 왕으로 즉위하는 데 정통성을 즉각 부여해 줄 수 있는 유일한 인물은 바로 당시 왕실의 서열 1위 인목대비였다."(계승범, 305쪽) "그녀(인목대비—필자

---

* 같은 곳. 이러한 견해에 모두 찬성했던 것은 아니다. 김용흠은 반정의 정당성을 부정하는 반역이 빈발했다고 지적한다. 김용흠, 「인조반정의 명분과 정권의 정통성 논쟁: 인성군 이공 처벌 논의를 중심으로」, 《역사학연구》 27, 2006, 172-173쪽. 그리고 계승범은 후대에 '인조반정'에 대한 긍정이 만연했다고 해서 그 판단이 타당하게 되는 것은 아니라고 본다. "누구도 이 정변이 반정이라는 점에 의문을 달지 않았으며, 조선 왕조가 망하는 등의 획기적인 정치 변동이 없는 한 섣불리 이의를 제기할 수도 없었다. 정변(반정) 이후 조선의 왕위에 오른 이들은 모두 인조의 후손이었기 때문이다." 계승범, 『모후의 반역』(역사비평사, 2021), 306쪽.
** 오수창, 앞의 글, 546쪽.
*** 계승범, 「광해군, 두 개의 상반된 평가」, 《한국사학사학보》 32, 2015, 518쪽.

주)는 선조가 죽은 다음 날 광해군을 즉위시켰다."(한명기, 82쪽) "상례나 즉위식과 관련해 결정을 내릴 사람이 아무도 없는 특수한 상황이기 때문에 궁궐에서 가장 어른인 자전, 곧 대비(大妃)가 담당하는 것이다."(오항녕, 93쪽)

오수창은 거기에서 그치지 않고 한 걸음 더 나아간다. "대비는 스스로 군주의 정체성을 지닌 왕실의 최상급자"*이며 "조선의 대비와 국왕은 그 자체로 군신 관계에 있었다."** 『문원보불(文苑黼黻)』에 나오는 국왕이 대왕대비와 왕대비에게 동시에 '신(臣)'을 칭한 사례 등을 통해 볼 때, 인목대비와 광해군의 관계는 '효'가 작동할 관계라기보다는 '충'이 작동할 관계다. 이러한 "매우 기초적이고 중요한 사항조차" 모르는 계승범은 대비를 국왕의 모후로만 간주하고 관련 논쟁을 효와 충의 갈등으로 잘못 프레임했다는 것이 오수창의 평가다.

## 계승범과 오수창의 재반론

계승범이 인용한 『자치통감강목(資治通鑑綱目)』해당 부분이 허구라는 오수창의 비판에 대해 "원래 『자치통감강목』에는 이런 내용이 없다는 오 교수의 지적은 맞다. 하지만 주희의 생각과 판단을 잘 정리한 후대의 인식임에는 변함이 없다"***라고 계승범은 대답한다. 그리고 "먼저 주희가 이보국이 장황후를 살해했다고 적은 후에 부연했다고 한 내용은 내가 사료를 오독하였다. 오래전에 메모해 둔 것인데, 이번에 책을 내면서 다시 확인하지 않은 점이 불찰

---

* 오수창, 앞의 글, 550쪽.
** 같은 글, 532쪽.
*** 계승범, 「인목대비 폐위 논쟁과 인조반정의 명분: 오수창 교수의 비판에 답함」, 《역사비평》 141, 2022, 318쪽.

이었다. 이 점은 오 교수에게 고맙게 생각한다"*고 인정한다. 그러나 이것이 곧 해당 사료의 해석 오류를 인정하는 것은 아니다. "다만 그렇다고 하여 장황후에 대한 주희의 생각이 달랐다고 볼 수는 없다"**고 못 박는다. 그렇기는 해도 사료에 관해 일정 정도 합의가 이루어진 것은 진전이다.***

　일부 사료상 문제 이외에, 계승범은 오수창의 비판을 전혀 받아들이지 않는다. 특히 폐위 논쟁을 지배한 것은 충/효 프레임이 아니라 충/역 프레임이라는 오수창의 주장을 거부하며 반문한다. 오수창이 주장한 대로, 인목대비 폐위 및 인조반정에 걸린 문제가 효가 아니라 충/역의 문제라면 왜 그러한 사실을 명시적으로 보여 주는 사료가 없단 말인가. 그리고 당시 영의정으로서 신망이 높던 이원익도 광해군에게 충이 아닌 효를 강조했고, 광해군 본인도 이 사안의 핵심을 효로 인식했고, 인목대비 본인도 충/역의 문제로 보지 않았고, 결정적으로 반정 직후 대비의 이름으로 반포한 교서에서조차 명나라에 대한 반역을 거론할 뿐 대비에 대한 반역이라는 표현을 거론하지 않았음을 지적한다.**** 간단히 말해서, 오수창의 논지를 뒷받침할 증거가 없다는 것이다.

　이에 대해 오수창은 다시 한번 비판에 나선다. 계승범의 반론은 "필자의 핵심 비판에 정면으로 응답하지 않고 저서의 논지를 반복했을 뿐 아니라 새로운 오류와 오해를 전파했다고 생각한

---

* 같은 글, 321-322쪽.

** 같은 글, 322쪽.

*** 계승범과 오수창은 주희의 생각을 고정된 것으로 보지, 생애 전반에 걸쳐 변화했다고 보지 않는다. 그러나 관련 전문가들은 오랫동안 주희의 생각이 어떻게 변천해 왔는지 주목한다. 예컨대, 강지은, 이혜인 옮김, 『새로 쓰는 17세기 조선 유학사』(푸른역사, 2021), 238쪽.

**** 계승범, 앞의 글, 307쪽, 309-311쪽.

다."* 사료에 관한 계승범의 수정된 입장에 대해서도 "중국의
논쟁을 정리한 부분은 오류가 너무 심하다고 지적하지 않을 수 없
다."** "계 교수는 저서의 올바른 번역을 자신의 주장에 부합
하도록 정반대로 뒤집어, 한문의 기초 문법에 어긋나는 번역문을
「반론」에 제시했다. 번역을 바꾼 사정도 밝히지 않았다."***

　　이 사안을 충/역의 문제로 보려거든, 그 점을 명시한 사료를
제시하라는 계승범의 요구에 대해서는 어떻게 답했을까.

　　　이제 남은 문제는 '왜 인목대비와 반정 세력이 대비에 대한 광해군
　　　의 행위를 공식적으로 역(逆)으로 규정한 내용을 찾을 수 없는가' 하
　　　는 계 교수의 반문이다. (……) 광해군에 대한 복수와 인조반정의 정
　　　확한 명분도 중요하지만, 왕조 국가 조선에서 그에 비할 수 없이 중
　　　요한 것은 영원히 계속되어야 할 왕실의 권위였다. 왕실 내부의 반역
　　　사건, 그것도 국왕이 모후에게 반역한 사실을 공식화할 수는 없었다.
　　　(……) 국가 최고 수준의 공문서인 반정 교서에 대비에 대한 광해군의
　　　반역을 직접 지목하지 않은 사정은 왕실의 권위를 우선해야 할 왕조
　　　국가의 논리상 너무나 당연했다.****

　　요컨대, 인목대비와 신하들이 광해군-인목대비 문제를 충/역
으로 개념화하지 않은 것은 왕실의 권위를 유지해야 할 정황상 필
요가 있었기 때문이라는 것이다. 그랬을지도 모른다. 그런데 이 정

---

* 오수창, 「계승범 교수의 「인목대비 폐위 논쟁과 인조반정의 명분」에 부치는 재비판」,
《역사비평》 143, 2023, 294쪽.
** 같은 글, 296쪽.
*** 같은 글, 298쪽.
**** 같은 글, 301-302쪽.

도의 대답을 계승범이 납득할까. 그럴 리가. 광해군이 '인조반정'으로 쫓겨난 마당에 이제는 자유로이 광해군의 반역 여부를 논할 수 있는 상황이었다고 계승범은 생각한다. 그런 상황에서도 충/역 담론이 펼쳐지지 않았던 것이다.* 이렇게 사료의 '침묵'에 대해 날카로운 대립이 있는 이상, 사료에 근거해서 합의에 도달할 가능성은 희박하다. 경험적 자료에 의지해서 쌍방 간 의견을 좁히기 어려워졌다면, 그다음으로는 서로가 상대의 국가론을 본격적으로 비교 검토해 보았으면 좋았을 것이다.

## 《역사비평》과 정다함의 개입

그러나 그런 일은 일어나지 않았다. 해당 논쟁이 실린 《역사비평》 편집위원회가 해당 지면에서 논쟁의 종료를 선언한 것이다. 편집위원회를 대표해서 집필한 정다함은 이 논쟁이 "기존 연구의 한계 언저리를 여전히 맴돌고 있다고" 보고 "논쟁 주제에 대한 새로운 접근을 모색"**하기를 요청한다.

정다함이 말하는 기존 연구의 한계란 무엇인가? 그것은 "사대부 세력의 정치가 얼마나 근대 지향적이었는가 또는 그렇지 못했는가의 평가와 직결되고, 또한 그 이후로 이어지는 한국사의 근대화 과정에 대한 평가와도 연결되어 연구"되는 경향이다.*** 이런 지적은 이른바 효치국가가 근대 국가 건설에 장애가 되었다는 주장을 한 계승범에게는 상당 부분 타당하다. 그러나 오수창은 이번 논쟁에서 근대화 과정에 대해 언급조차 하지 않았다. 오수창의

---

\* 계승범, 앞의 글, 309쪽.
\*\* 정다함, 「『모후의 반역』에 대한 오수창 교수와 계승범 교수의 논쟁을 바라보며」, 《역사비평》 143, 308-309쪽.
\*\*\* 같은 글, 309쪽.

글에서 조선 옹호적 시각이 드러날지는 몰라도,* 근대화 담론은 드러나지 않는다. 그러니 "오수창은 기본적으로 조선시대 유교적 전통에 입각한 사대부 세력의 정치로부터 서구적 근대성이 전해지기 전부터 싹트고 있던 한국의 '고유'한 근대성의 맹아를 찾을 수 있다고 보는 입장에서, 인조반정을 당시 조선의 정치 질서와 가치 기준에서는 비상한 상황에 대한 조선 국가 체제의 정상적 작동으로 보았다"**는 요약에 오수창이 동의할까?

그럴 리가. 오수창은 해당 《역사비평》지 출간 이후 열린 학술대회***에서 그와 같은 논지는 "필자의 논지를 완전히 거꾸로 설명했다"고 불만을 표출했다. 오수창은 자신의 과거 연구를 거론하며 해당 사안에 대한 입장을 다음과 같이 밝힌다.

국왕의 전제권 앞에서 (반정이라는──필자 주) 그런 탈출로가 마련되어 있었으므로 조선의 지배층과 사상가들은 국왕의 존재 이유와 정당성, 군주제의 대안에 대한 본질적이고 새로운 고민을 할 필요를 늦은 시기까지 느끼지 못했던 것으로 판단된다. 그것은 조선시대 민본주의의 이상이 높았던 만큼 그것을 대체할 이념 체계를 마련하는 것이 어려웠던 사실과 짝을 이루고 있던 현상이라고 생각된다.****

---

* 오수창은 계승범이 '인조반정' 이후의 조선을 일러 "이상한 유교 국가"라고 부른 데 대해서 "조롱의 의미가 들어 있다고 생각한다"며 불만을 표시했다. 오수창, 「조선시대 대비 지위와 인조반정의 재검토: 계승범 교수의 『모후의 반역』 비판」, 《역사비평》 140, 2022, 550-551쪽. 그리고 오수창 자신은 '인조반정' 이후의 조선이 "유학의 기초 원리에서 이탈할 정도로 허술하지 않았다"고 평가한다. 오수창, 「계승범 교수의 「인목대비 폐위 논쟁과 인조반정의 명분」에 부치는 재비판」, 《역사비평》 143, 2023, 304쪽.

** 정다함, 앞의 글, 309쪽.

*** 2023년 12월 22일, 조선시대사학회와 한국사상사학회가 공동 주최한 '반정을 돌아보다: 인조반정 400주년 학술대회'.

**** 오수창, 「반정, 조선시대 군주 축출의 논리와 성격」, 《한국정치연구》 28(2), 2019, 27쪽.

다시 말해서 '반정'이 가능했기에, 완전히 새로운 정치 질서를 찾고자 하는 열망이 상당히 해소되었다고 본 것이다. 이른바 근대라는 것이 완전히 새로운 정치 질서라고 할 때, 반정은 근대를 촉진하기보다는 방해한 셈이다.

정다함은 근대화 과정을 염두에 둔 역사관이 단지 과거의 것이라고 문제 삼는 것이 아니다. 그 역사관은 이제 무성찰적이기에 문제가 크다. "두 역사학자의 논쟁 속에는 자신의 주장을 '실증'된 역사적 '사실'로 더욱 본질화하려는 경쟁은 있지만, 자신이 추구해 왔던 한국사 연구를 변화하는 역사적 맥락 속에서 성찰적으로 돌아보고, 이를 바탕으로 이제 앞으로는 해당 주제에 대한 논쟁을 어떤 관점에서 새롭게 시도해야 할 것인지를 전망하려는 시도는 찾기 어렵다."* 즉, 계승범과 오수창은 이미 많은 비판적 검토가 이루어진 서구 근대 국민국가의 역사학, 그중에서도 '실증주의'를 '보편적'인 역사학 방법론으로 본질화하고 있다는 질타다.

여기에서 그치지 않는다. 논쟁의 당사자인 계승범과 오수창은 후학들에게 악영향을 끼치는 인물이 되어 버린다. 그것도 개인 명의가 아니라《역사비평》이라는 영향력 있는 학술 잡지의 편집위원회의 명의로 후학들에게 악영향을 끼치는 인물들로 판정된다.

> 결국 후속 세대 학자들이 자신들이 공부하는 분과 학문의 학술 지형 자체가 어떻게 형성되어 온 것인가를 비판적으로 살피면서 상대화시키기 어렵게 되었고, 양쪽 주장으로 대표되는 기존 연구 성과를 날카롭게 비판하는 다양하고 성찰적인 연구들이 제시되기가 매우 어려웠던 것이다. (……) 안타깝지만 오수창과 계승범의 논쟁 자체가 바

---

* 정다함, 앞의 글, 312쪽.

로 이러한 문제점들을 보여 주는 전형적인 사례다.*

이러한 비판의 타당성을 가늠하려면, 그가 말하는바, 주장을 사실로 본질화한 사례를 구체적으로 검토해야 할 것이다. 그러나 정다함은 "오수창과 계승범 모두, 서로 자신의 논지를 '실증'된 역사적 '사실'에 가까운 것으로 누누이 강조하며 실체화하기 위해 경합했다는 점은, 굳이 인용할 필요도 없을 정도로《역사비평》에 게재된 두 논문들에서 현저하게 드러난다"**고 말할 뿐, 구체적인 사례를 인용하지 않는다.

## 국가론의 이슈들

이 논쟁을 통해 일부나마 사료상의 오류가 바로잡힌 것, 그리고 광해군이라는 특정 개인으로부터 조선 국가 성격으로 논의가 이행된 것은 유의미한 진전이라고 나는 생각한다. "필자와 계 교수의 이번 토론은 조선시대 국가 체제의 기본 질서를 확인하는 작업이다."*** '인조반정'은 "조선 국가 체제의 본질에 접근할 수 있는 탐구 주제가 되리라 생각한다."**** 인물에 대한 평가에 집중할 경우, 해당 인물의 행위 주체성(agency)을 과장하기 쉽다. 그런 점에서 광해군 인물론에서 조선 국가론으로 나아간 것은 논의 심화에 일조했다.

광해군의 시대는 실로 조선의 국가 성격에 대해 본격적으로

---

* 같은 글, 311-312쪽.

** 같은 글, 310쪽.

*** 오수창, 「계승범 교수의 「인목대비 폐위 논쟁과 인조반정의 명분」에 부치는 재비판」,《역사비평》143, 2023, 293쪽.

**** 오수창, 「조선시대 대비 지위와 인조반정의 재검토: 계승범 교수의 『모후의 반역』 비판」,《역사비평》140, 2022, 527쪽.

논할 만한 시기다. 명나라 도움으로 임진왜란을 극복하고 나라가 다시 선 것을 '재조지은(再造之恩)'이라고 하고, '인조반정' 주도 세력이 '인조반정'을 일러 '재조지경(再造之慶)'이라고 하지 않았던가. 그 '재조'의 대상은 다름 아닌 조선의 국가다. 그러한 시대적 특성에 맞게, 계승범과 오수창이 각기 나름의 국가론을 개진한 것은 환영할 만하다. 그런데 광해군의 시대는 국내외 정세의 급변이 보여주듯이, 성급한 일반화보다는 매우 섬세한 접근을 요청하는 예외적인 시기이기도 하다. 따라서 논자들의 각종 일반화 시도는 그만큼 편향에 빠질 위험에 노출되어 있다. 그렇다고 해서 서평자가 해당 저서를 출간할 가치가 없는 책이라고 치부하거나, 편집위원회가 해당 논쟁을 멈추어야 할 논쟁이라고 단언하는 것은 생산적이지 않다. 논평의 궁극적 의의는 논의의 말살이 아니라 진전에 있다.

### 1) 극장국가론과 기반 권력

국가론 맥락에서 이 논의가 좀 더 진전할 여지가 있다고 나는 생각한다. 먼저 한명기에서 시작하여 오항녕을 거쳐 계승범에 이르는 논의 과정에서 클리퍼드 기어츠의 극장국가론을 참고할 필요가 있다.* 광해군을 평가할 때 여러 논자가 공히 지적한 것은 궁궐을 새로이 조성하고자 했던 광해군의 토목 공사였다. 한명기는 궁궐 토목 공사를 왕권 강화책으로 보고,(한명기, 152쪽) 계승범은 "왕실의 추락한 위신을 추스르려는 의미"**로 보는 데 비해, 오항녕은 "민생 안정 대신 과대 소비를 택한 것"(오항녕, 168쪽)이라고 신랄하게 비판한다.

---

* 클리퍼드 기어츠, 김용진 옮김, 『극장국가 느가라』(눌민, 2017).
** 계승범, 「광해군, 두 개의 상반된 평가」,《한국사학사학보》 32, 2015, 501쪽.

1616년(광해군 8년)에 세워진 경희궁 숭정전 일대. 본래 이름은 경덕궁이었다.
(출처: 한국민족문화대백과사전)

궁궐은 그 무엇보다 전례를 위한 장소다. 발리의 '느가라'에 대한 기어츠의 연구는 전국을 아우르는 관료제를 중심으로 국가권력을 사유해 온 막스 베버적 국가론에 이의를 제기한다. 극장국가란 정치 중심에서의 전례 수행이 국가 활동의 핵심을 이루는 국가다. 그러한 극장국가를 두고 전국 단위의 관료제가 없다는 이유로 실패로 간주하는 것은 초점이 어긋난 것이다. 극장국가론은 국가와 사회 관습적 관계를 재고하고, 전례의 정치적 의미를 심도 있게 음미하게 해준다. 과연 기어츠의 극장국가론을 조선사의 어느 시기에 어느 정도로 어떻게 적용해야 하는지는 별론을 요하는 큰 주제다. 일단 현재의 맥락에서는 극장국가론을 환기함으로써 일견 비합리적으로 보이는 광해군 대의 궁궐 조성을 좀 더 이해할 수 있게 된다.

극장국가와 흔히 대비되는 것이 관료제 국가다. 관료제 국가론은 계승범의 효치국가론을 재고하는 데 중요하다. 계승범은 효라는 가치가 충성 가치를 압도함에 따라, 근대화 과정에서 필수적인 강한 국가를 창출하는 데 실패했다고 주장했다. 이는 흥미로운 주장이지만, 근대화 도정에서 국가가 발휘할 수 있는 권력 중에서 이데올로기에만 집중했다는 혐의를 피하기 어렵다.* 계승범이 제시하는 현재의 설명대로라면, 조선 후기의 '약한' 국가가 '인조반정'이 야기한 이데올로기적 편향이라는 단일 요소에 기인한다는 인상이 강하다. 이대로라면, 정치, 경제, 군사, 국제 관계 등 제반 요소를 고려해야 비로소 설명이 가능할 복잡한 현상을 단순화하는 결과를 빚게 된다.

그리고 인목대비 폐위 논쟁이나 '인조반정'은 모두 중앙 조정에서 일어난 일이어서, 그 자체로는 중앙 정부가 지방 자원을 효과적으로 동원할 수 있는 힘을 가졌는지와 무관하다. 따라서 조선 후기의 '약한' 국가를 설명하기 위해서는 중앙 정부의 지방 장악력이라는 이슈가 별도로 검토되어야 한다. 마이클 만에 따르면 국가 권력(state power)은 전제 권력(despotic power)과 기반 권력(infrastructure power)으로 구분된다.** 전자는 군주 개인의 전횡력을 의미하고, 후자는 사회를 통제할 수 있는 제도적인 힘을 의미한다. 계승범이 에필로그에서 개진한 '효치국가'의 정합적 설명을 위해서는 국가 관

---

* 이른바 근대 진입 과정에서 필요했던 국가 권력에 대해서는 보다 체계적인 논의가 필요하며 그 과정에서 마이클 만의 네 가지 권력론이 참고가 된다. 첫째, 이데올로기적 권력(ideological power). 둘째, 경제적 권력(economic power). 셋째, 군사적 권력(military power). 넷째, 정치적 권력(political power). 사회적인 삶을 중앙에 근거하여 영토적으로 규제하는 데서 유래하는 권력이다. 이 권력에 대한 논의는 김영민, 「조선중화주의의 재검토: 이론적 접근」, 《한국사연구》 162, 2013 참조.

** 마이클 만의 국가론에 대해서는 김영민, 「조선시대 시민사회론의 재검토」, 《한국정치연구》 21(3), 2012, 1-22쪽 참조.

료제가 담당하는 기반 권력에 대해 논의가 필수적이다.

## 2) 주권론

계승범이 효치국가론을 제시했다면, 오수창은 그에 맞서 왕실주권국가론이라고 부를 만한 국가론을 제시했다. 그 내용은 다음과 같은 언명에 집약되어 있다.

흔히 조선 국가의 주권은 군주·국왕에게 있었다고 설명하지만, 엄밀하게 따져보면 주권은 '국왕'이라기보다 '왕실'에 있었다.*

대비는 선왕의 배우자로서 국왕 지위의 원천이 되고 그 스스로 군주의 정체성을 지니는 왕실 권위의 체현자였다. 국왕은 국가 권력의 최상위 집행자였으나 대비에 대해서는 신하의 지위에 있었다.**

선왕과 함께 국왕 지위의 원천을 이루는 존재(대비를 지칭—필자 주)가 그 국왕에 의해 규정되는 존재가 될 수는 없다.***

이러한 언명은 다음과 같이 재서술될 수 있다. 첫째, 조선에는 주권이 있었고, 둘째, 그 주권은 국왕보다 왕실에 있었고, 셋째, 왕실 내에서는 대비가 군주이고 국왕은 신하였다. 조선의 국가 주권이 왕실(그 안에서는 대비)에 있다고 본 이러한 오수창의 국가론을 왕

---

* 오수창, 「반정의 논리와 연구시각 개관」, 반정을 돌아보다: 인조반정 400주년 학술대회 발표문, 2023, 5쪽.
** 오수창, 「계승범 교수의 「인목대비 폐위 논쟁과 인조반정의 명분」에 부치는 재비판」, 《역사비평》 143, 2023, 304쪽.
*** 오수창, 「조선시대 대비 지위와 인조반정의 재검토: 계승범 교수의 『모후의 반역』 비판」, 《역사비평》 140, 2022, 532쪽.

실주권국가론이라고 불러도 무리가 없을 것이다. 오수창은 이 왕실주권국가론으로부터 본인의 많은 주장들을 연역한다. 그에 따르면, 무엇보다 "국가와 왕실이 일체"다.*

조선에 주권이 있었다는 말은 일견 지당해 보인다. 특히 조선에는 주권이 없었다는 주장과 대비될 때 그렇다. 아마도 그래서 오수창은 조선주권론을 당연시하고, 오직 주권의 소재만을 문제 삼은 것으로 보인다. 오수창의 비판 대상은 주권의 소재를 군주라고 보는 '군주주권론'이다. 오수창이 보기에, 계승범은 바로 그러한 군주주권론을 지지한다. 군주주권론은 왕실(보다 구체적으로는 대비)의 정치적 위상을 제대로 파악하지 못하고 군주의 권력에만 집중하게 만든다.

그러나 오수창이 왕실주권국가론을 제시할 때 고려해야 하는 것은 군주주권론만이 아니다. 현대적 개념인 주권을 조선시대에 적용하지 않는 게 현명하다는 입장과도 경쟁해야 한다. 과연 오수창처럼 광해군의 시대에 현대적 주권 개념을 과감하게 적용해도 좋은 것일까. 이에 대해서는 주권과 'sovereignty' 개념에 대한 별도의 긴 논의가 필요하다.** 이 자리에서는 현대적 주권 개념을 별도의 추가 설명 없이 적용하기에 광해군의 시대가 너무 예외적이고 복합적이라는 점을 환기해 보자.

광해군이 아직 왕위에 오르기 전, 임진왜란이 일어났고 명나라가 참전했다. 그 참전은 조선을 조공국으로 간주한 결과다. 그리고 조선을 명의 직할령으로 삼아 통치해야 한다는 주장마저

---

* 오수창, 「계승범 교수의 「인목대비 폐위 논쟁과 인조반정의 명분」에 부치는 재비판」, 《역사비평》 143, 2023, 294쪽.
** 주권은 'sovereignty'의 번역어이지만, 해당 언어 공동체에서 각기 누려 온 의미의 역사는 사뭇 다르다.

개진되었다.(한명기, 250쪽) 조선 군주의 지위도 예전 같지 않았다. 1592-1604까지 13년간 다섯 번 주청사(奏請使)를 보내어 광해군의 왕세자 승인을 요청했을 정도로 승인 과정이 어려웠다. 선조는 광해군이 아직 중국 황제의 책봉을 받지 못했다는 이유로 세자가 아니라고 주장하기도 했다.* 광해군의 국왕 자격을 심사하기 위해 명나라에서 사절이 오기도 했다.(한명기, 126쪽). 1593년 9월 명나라 신료 증위방이 조선의 왕위를 선조에서 광해군으로 교체해야 한다는 주장을 펴기도 했고,(한명기, 69쪽) 1595년 3월에는 명나라 황제가 선조가 아닌 광해군을 수신자로 해서 칙서를 보내기도 했고,(한명기, 73쪽) 선조는 명나라 연대장급 장교들과 맞절을 할 정도로 위신이 추락했고, 명나라 사신 중에는 선조를 남쪽에 앉히고 자신은 남면하여 황제처럼 행세한 이도 있었다.(한명기, 153쪽)

　　조선 측 행태도 크게 다를 바 없다. 임진왜란 때 선조는 조선 땅에서 왜적에게 죽느니 요동으로 넘어가 부모의 나라(父母之國)인 명나라 땅에서 죽겠다고 거듭 주장했다.** 광해군이 왕이 되어 인목대비를 폐위할 때 정창언(鄭昌言)은 대비의 죄는 다름 아닌 천자의 책봉을 받은 왕을 거역한 데 있다고, 즉 천자의 죄인이라고 주장했다.*** "성상께서 즉위할 때 중국 황제가 책봉하였습니다. 성상이 왕위에 오르신 것은 바로 그 명에 응한 것입니다. 그런데 대비가 숱한 음모로 성상을 해치고자 도모하는 것은 천자의 명령을 저버린 것입니다."**** '인조반정'에 의해 광해군이 폐위된 뒤에도 마

---

* 『정무록(丁戊錄)』「영상유영경가율(領相柳永慶加律)」(『대동야승』권58, 4권 245쪽). 『선조실록』 220권, 41년 1월 22일 경술(5).
** 『선조실록』 27권, 25년 6월 13일 신축(7).
*** 『광해군일기』 67권, 5년 6월 22일 기유(18).
**** 聖上踐祚, 皇冊所封, 國儲正位, 寶命是膺, 而大妃百計謀害, 欲去貳君, 是棄天子之命也.

찬가지다. 반정 교서에서 폐모살제(廢母殺弟, 어머니에 해당하는 인목대비
를 폐위하고 동생 영창대군을 죽임)를 논죄할 때도, 중국 황제가 등장한다.
"천리와 인륜을 없애어, 위로는 중국 황제에게 죄를 짓고, 아래로
는 백성들에게 원망을 샀다."* '인조반정' 직후 인목대비가 광해
군을 끝내 죽이려고 들 때도 역시 광해군을 죽여도 좋다는 허락을
중국 황제로부터 받고자 했다.(한명기, 306쪽)

　'인조반정' 이후라고 사정이 다르지 않다. 인조가 명의 승인
을 얻는 과정도 순탄하지 않았다. 등래순무(登萊巡撫) 원가립(袁可立)
이 보기에 '인조반정'은 정당하지 않았다. 그래서 그는 북경 조정
에 광해군이 무도했다고 해도 조카가 숙부를 폐위시킨 것은 찬탈
이며, 그것은 중국도 무시한 행위이므로 광해군을 복위시켜야 한
다는 내용을 전달했다.(한명기, 290쪽) 조선을 현실적으로 토벌하기
도 어렵고, 후금과의 대치 국면에서 조선의 후원을 얻어야 할 필요
도 있으므로 중국 황제는 22개월 만에 인조를 승인했다.(한명기,
294쪽) 지금까지 서술한 내용들은 대체로 중국 내부 정치 상황과
연동되어 설명되어야 할 복합적인 사태들이다.

　조선 전기에 책봉은 대체로 순조로웠다. 태종이 그릇된 행실
을 문제로 양녕대군을 폐위하고 충녕대군을 세자로 세울 때 명나
라는 이의를 제기하지 않았다. 인조와 마찬가지로 쿠데타를 일으
킨 중종 때도 절차상의 이유로 두 번만 거절한 뒤 승인했다.(계승범,
97쪽) 그러나 임진왜란 이후는 다르다. 파병을 계기로 생긴 지렛대
를 가지고 명나라는 전보다 더 고압적으로 조공국 조선을 대할 수
있었다. 이러한 역사적 상황을 고려한다면, 현대 한국어에서 완전
한 자주독립성을 뜻하는 주권 개념을 광해군의 시대에 추가 설명

---

*『광해군일기』 187권, 15년 3월 14일 갑진.

없이 적용하는 데 주의할 필요가 있다.

그러나 주권 개념 적용을 당연시하는 오수창은 이렇게 말한 다. "대비 폐위를 명나라에 보고해 실행하자는 주장은 조선 왕실 과 국가 주권 최상부의 처리를 중국 정부에 송두리째 넘겨주자고 한 위험천만한 발상이었다. 조선시대를 통틀어 조정 논의가 이토 록 매국적인 사례는 흔치 않았으리라 짐작된다."* 이것은 오늘 날의 주권 감각을 광해군의 시대에 그냥 적용한 데서 생기는 정념 의 토로가 아닐까. 인목대비도 광해군을 죽이려 들 때 명나라에 보 고하려 들었지만, 오수창은 그에 대해서는 침묵한다.

그렇다고 해서 광해군 시대 조선에 주권이 없었다는 뜻은 아 니다. "임진왜란 시기, 조선을 명의 직할령으로 삼아 통치해야 한 다는 주장들이 흘러나온"(한명기, 250쪽) 것을 감안할 때, 조선이 중 국의 직할령이 된 상황에서나 주권 부재를 운위할 수 있을 것이다. 그러나 그런 일은 일어나지 않았다. 직할령이 아닌 조선에서는 조 선 나름의 원칙이 중국 황제의 권위와 공존했다. 사대를 통해 중국 과 조선이 한집안이 되었다는 언명도 있었지만,** "우리 조정에도 근거할 만한 가법이 있다"***는 언명이나 "우리 조종의 이백 년 된 가법"**** 같은 표현도 있었던 것이다. 이처럼 문제는 간단하지 않 다. 이러한 상황에서 역사학자의 우선 과제는 현대적 주권 개념으 로부터 연역하기보다는, 개념의 적용 가능성을 면밀하게 검토하 는 일이 아닐까.

---

* 오수창, 「조선시대 대비 지위와 인조반정의 재검토: 계승범 교수의 『모후의 반역』 비 판」, 《역사비평》 140, 2022, 545쪽.
** 『광해군일기』 59권, 4년 11월 1일 신묘(2).
*** 『광해군일기』 30권, 2년 6월 6일 기묘(6).
**** 『광해군일기』 30권, 2년 6월 7일 경진(6).

### 3) 조선 국가란 무엇인가

인목대비 폐위와 '인조반정' 관련한 논쟁에서 오수창이 크게 공헌한 부분이 왕실 내의 효와 민간의 효가 다를 수 있음을 지적한 것이다.* 왕실 내의 예와 사대부 가족 내의 예가 같아야 하는가를 놓고 조선시대에 격렬한 논쟁이 있었듯이, 왕실 내 효와 사대부 가족 내 효의 의미가 얼마나 같고 다른지에 대해서 충분히 논해볼 가치가 있다. 그런데 왕실 내 효와 민간의 효 위상이 다르다고 해서, 곧 대비-왕 관계가 효가 아닌 '충'의 문제가 되는 것은 아니다. 후자는 별도의 증거를 요청하는 사안이다. 특히 인목대비 폐위가 충/효의 가치 대결로 담론화되었다는 계승범의 주장을 효과적으로 논파하려면, 오수창이 충/역의 담론 증거를 좀 더 적극적으로 보여 주어야 하지 않았을까. 구체적인 추가 증거가 없는 한, 오수창은 왕실주권국가론에서 자신의 논지를 연역하게 된다.

그런데 그런 공리 역할을 할 정도로 왕실주권국가론이 타당한가. 왕이 곧 국가라는 주장을 비판할 때는 타당하다. 실로, 조선에서 왕이 곧 국가는 아니기에. 그렇다고 오수창이 "국가와 왕실이 일체"라고 한 것처럼, 조선에서 왕실은 곧 국가인가? 이 질문에 답하려면, 오수창처럼 왕이 곧 국가라는 주장을 논박하는 것으로는 충분하지 않다. 국가=왕실의 주장이 성립하려면, 국가가 왕실을 초과한다는 주장도 논박할 수 있어야 한다.

내가 보기에, 조선의 국가는 왕만으로 동일시되지 않는 것은 물론 왕실만으로도 동일시되지 않는다. 오수창이 거론한 사례를 살펴보자. 오수창은 "왕실의 사당인 종묘는 사직과 더불어 국가

---

* 오수창, 앞의 글, 549-550쪽.

그 자체를 지칭하는 개념이었다"*고 말했다. 실로 무수한 사료에서 조선의 국가는 '종묘사직'이라는 표현을 통해서 표현된다. 종묘만 곧 국가라면, 오수창의 주장은 설득력이 있을 것이다. 그러나 국가는 종묘라는 표현으로 다 해소되지 않고, '사직'이라는 잉여가 존재한다. 사직으로 지칭되는 부분이 있는 한, 조선의 국가는 왕실로 전부 환원될 수 없다. 즉 종묘로 지칭되는 존재(오수창이 보기에는 왕실)는 국가의 일부이되, 국가의 전부는 아니다. 요컨대, 조선의 국가는 왕실을 초과한다.**

### 4) 쿠데타

모든 관련 논자들이 '인조반정'에 대해 '쿠데타'라는 용어를 사용한다. 그러나 오수창은 쿠데타가 찬탈, 즉 정당성을 잃은 정권 탈취의 의미로 사용될 때는 반대한다. 그 점은 계승범에 대한 반론에서뿐 아니라, 정치학계의 관련 연구에 대한 반론에서도 드러난다.*** 오수창에 따르면 '인조반정'은 조선의 정상적인 정치 작동 원리에 의한 것이므로 '찬탈'이나 찬탈적 의미의 '쿠데타'로 부르는 것은 타당하지 않다.

쿠데타에는 대개 폭력이 동반된다. 동일 왕조 내에서 정권 획득을 위한 폭력 사용은 오항녕이 조선의 핵심으로 간주한 문치주의와 정면충돌한다. 그렇다면 폭력을 명시적으로 사용한 '인조반

---

* 같은 글, 532쪽.

** 과연 종묘사직이 물리적인 대상을 지칭하는지, 아니면 추상화된 존재를 지칭하는지, 그리고 백성은 이 국가성 논의에서 배제되는지 등 추가적으로 논의해야 할 사안이 많다. 여기서는 지면의 제약상, 오수창의 논의에 국한해서 논의를 진행한다.

*** 여기서 말하는 정치학계의 연구란, 김기연·송재혁, 「찬탈에서 반정으로: 인조반정 이후 정치 세력의 포섭과 정치적 정당성의 구축」, 《한국정치연구》 27(1), 2018; 박홍규·김기연, 「'인조반정'의 주자학적 정당성 검토」, 《한국정치학회보》 50(1), 2016.

정'은 과연 당시 조선의 기준으로 보아 타당한 것일까? 이 질문에 답하기 위해서는 '인조반정' 과정 전체를 통틀어 평가하지 말고, 폭력을 행사한 전반부와 인조 즉위에 이르는 후반부로 구분할 필요가 있다. 오수창의 변호는 주로 후반부에 집중되어 있다.

　　그렇다면 폭력을 사용한 전반부는 정당한가? 이 질문에 답하기 위해서는 정당성을 확보하기 위해 구태여 양위의 형식을 통해 단종을 몰아내려 했던 세조나 최후의 순간 명시적 폭력보다는 통곡이라는 형식에 의존하려 했던 송유진의 반란과 비교해 볼 필요가 있다.* 그 경우들과 비교하면, '인조반정' 전반부의 폭력 사용이 얼마나 두드러지는지 알 수 있다. 물론 이러한 해석에 반대하는 이들은 아마 광해군이 이미 반역을 저질렀기에 그 반역을 폭력으로 징치(懲治)한 것이라고 볼 것이다. 그러니 전반부 폭력에 대한 궁극적인 평가는 차치하고, 후반부 즉위 과정을 살펴보자.

　　인조 즉위 과정은 오수창이 말한 대로 "조선의 정치 체제가 정상적으로 작동한" 과정이었나? 이 문제에 답하기 위해서는 쿠데타 개념에 대한 정확한 이해가 필요하다. 쿠데타는 단순 난장판이나 하극상, 위법 행위가 아니다. 누가 살인을 저질렀다? 그것은 위법이겠지만, 쿠데타는 아니다. 누가 절도를 했다? 그는 절도범이지 쿠데타 수괴가 아니다. 법을 어기는 것이 쿠데타가 아니라 법을 초월하는 것이 쿠데타다. 그래서 미셸 푸코는 쿠데타 상황에서 국가 이성은 '법 자체'에 명령한다고 말했다.**

---

* 1594년 송유진의 반란은, 군대로 궁궐을 포위한 뒤, 삼 일 동안 통곡함으로써 임금이 스스로 뉘우치고 동궁에게 양위하는 것을 슬로건으로 삼았다. 한명기,『광해군: 탁월한 외교정책을 펼친 군주』(역사비평사, 2018), 72쪽.
** 쿠데타에 관해서는《중앙일보》2023년 12월 5일 자에 실린 졸고「영화〈서울의 봄〉이 묻다, 쿠데타란 무엇인가」와 미셸 푸코, 오트르망(심세광·전혜리·조성은) 옮김,『안전, 영토, 인구』(난장, 2011) 참조.

법은 사전 재가를 목표로 한다. 어떤 일이 준법이고, 어떤 일이 위법인지 사전에 공포하고, 그것을 따진다. 그러나 쿠데타는 다르다. 법을 어기고 지키고의 문제가 아니라, 그 모든 것을 가능케 하는 권위 자체에 도전하는 것이 쿠데타의 본질이다. 따라서 쿠데타 과정에는 기존 규범이 공동화되는 순간이 발생하고, 그 순간에 벌어지는 일은 사후 재가를 통해 정당성을 얻는다. 어떤 일이 준법이고 위법인지를 소급해서라도 결정해 버릴 수 있는 힘이 쿠데타에 있다.

쿠데타를 이렇게 이해할 때, '인조반정'에는 쿠데타라고 의심해 볼 만한 순간이 있다. 인조가 정당하게 즉위하기 위해서는 왕실 일인자인 대비의 승인이 필요하다. 그런데 '인조반정'이 발발한 순간 존재했던 것은 '대비'가 아니고 '서궁'이었다.* 즉, 인조를 즉위시킬 권한을 가진 사람이 부재하는 상황이었다. 인조를 즉위시키리면, '대비'를 창출해야 한다. 즉 '서궁'을 대비로 승격시켜야 한다. 그럴 권리를 가진 사람은 (선왕이 고인이 된 상황에서) 국왕밖에 없다. 그런데 현재 국왕인 광해군은 쫓겨났고, '반정'을 일으킨 인조는 아직 국왕이 아니다. 인조를 즉위시킬 권위자가 부재한 만큼이나 대비를 창출할 권위자도 부재한 것이다. 이런 공백 상태야말로 쿠데타에서 발생하는 규범의 공동화 순간에 가깝다.

물론 반정 주도 세력은 이런 상황을 오래 방치하지 않는다. 그렇다고 그냥 '서궁'의 자격으로 인조를 즉위시키는 것은 아니다. 반드시 '서궁'을 '대비'로 복위시키는 과정을 거친다. 대비로 복위

---

* 반정이 발발한 순간의 지위에 대해서는 『인조실록』의 대비 졸기를 통해 알 수 있다. 그런데 이 기사는 '반정' 세력의 입장에서 후술된 것이기에 추가 확인이 필요한 부분이다. 광해군 재위 당시 인목대비가 서궁에 유폐되었는데, 공식적으로 폐비가 되었는지는 인조실록 이외의 사료를 통해 입증하기는 어렵다. 광해군이 결재를 미루었기 때문에 여전히 대비가 공식적으로는 폐출된 상태가 아니었을 수도 있다. 이 점을 알려 준 허태구 교수에게 감사드린다.

되고 나서야 인목대비는 인조를 즉위시킨다. 이것은 일종의 순환 논리이며 그 과정에서 권위의 (보기에 따라) 자의적 집행 순간이 발생한다. 대비 복위 과정을 서술한 관찬 사료인『인조실록』의 대비 졸기는 그 과정을 이렇게 서술한다. "계해년이 되자, 금상(今上)은 의(義)를 세우고 난(亂)을 가라앉히고 왕후를 모셔 복위시켰다. 왕후는 명을 내려 광해군의 죄목을 나열하고 폐위시켰다. 그리고 금상에게 명하여 대통을 잇도록 하였다."* 쿠데타라는 용어를 쓰고자하는 사람이 주목해야 하는 것은 해당 사태의 정당성 여부가 아니라 정당성의 초월 여부다.

## 조선 국가론을 향하여

조선의 국가를 탐구한 중요 저작 중 하나인『조선은 지방을 어떻게 지배했는가』는 다음과 같은 문장으로 시작한다. "국가의 지방지배를 연구하면서 가장 먼저 부딪치는 문제는 '국가란 무엇인가?'라는, 대단히 복잡하고 어려운 질문이다. 그러나 여기에서는 '국가란 무엇인가?'를 둘러싼 다양한 이론적 검토는 일단 뒤로 미루고, 사료에 대한 실증적인 검토를 통해 '국가가 지방을 어떻게 지배하려 하였고 또 실제로 지배하였는가?'라는 정도의 의문에 대한 답을 모색하는 데 그치고자 한다."** 그리고 실제로『조선은 지방을 어떻게 지배했는가』는 경험적 연구 결과만을 개진했다.

그러나 그 경험적 연구 결과마저도 그에 합당한 이론적 기초를 가질 때 정교화되지 않을까. 그 이론적 기초는 현대 국가 이론

---

* 至癸亥, 今上建義靖亂, 奉后復位, 后下敎, 數光海罪以廢之, 命今上承統.『인조실록』 26권, 10년 6월 28일 갑오(1).
** 한국역사연구회 조선시기 사회사 연구반,『조선은 지방을 어떻게 지배했는가』(아카넷, 2003), 13쪽.

을 무비판적으로 적용하는 데서 생기지 않는다. 조선시대 행위자들이 생각한 국가는 어떤 것이었을까라는 역사적 질문에 답할 때 비로소 설득력 있는 이론적 기초가 수립될 것이다. 이 글에서 검토한 광해군 및 '인조반정' 관련 논의들은, 이제 조선 국가론을 본격적으로 탐구할 때가 되었음을, 아니 이미 상당히 늦었음을 알려준다. **서리북**

김영민
본지 편집위원. 작가이자 사상사 연구자. 현재 서울대학교 정치외교학부 교수로 재직 중이다. 연구서로 『중국정치사상사』, 산문집으로 『아침에는 죽음을 생각하는 것이 좋다』, 『우리가 간신히 희망할 수 있는 것』, 『공부란 무엇인가』, 『인간으로 사는 일은 하나의 문제입니다』, 『인생의 허무를 보다』가 있다.

📖 한국 역사상 존재했던 국가를 이해하기 위해 '극장국가' 개념이 활용되고는 했다. 저작에서 활용된 예로는, 『극장국가 북한: 카리스마 권력은 어떻게 세습되는가』(권헌익·정병호 지음, 창비, 2013), 그리고 『극장국가 대한제국: 대한제국 만들기 프로젝트와 문화적 퍼포먼스』(김기란 지음, 현실문화, 2020)를 들 수 있다. 이런 사례들에서 극장국가 개념을 과연 적절히 사용했는지를 평가하려면 그 개념이 유래한 『극장국가 느가라: 19세기 발리의 정치체제를 통해서 본 권력의 본질』을 읽어 볼 필요가 있다.

『극장국가 느가라』
클리퍼드 기어츠 지음
김용진 옮김
눌민, 2017

📖 영미권의 한국사 연구서 중에서 국가론에 대한 고려가 명시적으로 이루어진 사례다. 이 책에서 개진된 국가론을 충분히 이해하기 위해서는 막스 베버의 사회과학 전통에 서서 비서구권 국가들을 고찰한 슈무엘 아이젠슈타트(Shmuel Eisenstadt)의 고전적 저작, 『제국의 정치 체계(The Political Systems of Empires)』(1963)를 읽을 필요가 있다. 이 책은 1963년 프리 프레스(Free Press)에서 처음 출간되었고, 1993년에 트랜잭션 퍼블리셔(Transaction Publisers)에서 다시 출간되었고, 2017년에는 라우틀리지(Routledge)에서 한 번 더 출간되었다. 아쉽게도 『제국의 정치 체계』의 한국어 번역본은 없다.

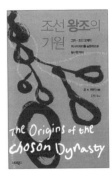

『조선 왕조의 기원』
존 B. 던컨 지음
김범 옮김
너머북스, 2013

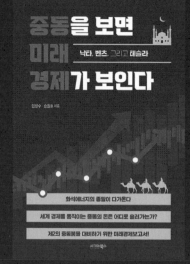

『석유는 어떻게 세계를 지배하는가』최지웅 지음, 부키, 2019

『중동 경제 3.0』권해룡 지음, 북오름, 2017

『중동을 보면 미래 경제가 보인다』임성수·손원호 지음, 시그마북스, 2022

# 석유 이후의 걸프 경제

## 박인식

2030년 세계 엑스포 개최지가 부산이 아니라 사우디아라비아(이하 사우디)로 결정되자 적지 않은 이들이 오일머니 때문에 졌다는 논평을 내놓았다. 생각 없이 쏟아 낸 말이니 정색하고 반박할 일은 아니다. 하지만 사우디가 우리보다 훨씬 먼저 유치 경쟁에 뛰어든 이후 범국가적으로 쏟아 온 노력을 알았다면 그렇게 말하지는 못했을 것이다. 사우디는 살만 국왕 즉위 다음 해인 2016년 '비전 2030'을 발표하면서 경제 개혁의 1차 목표를 2030년으로 설정했다. 그리고 그것을 위해 많은 국제 행사를 유치했다. 공교롭게도 엑스포에 앞서 유치한 것이 모두 스포츠 행사였는데, 스포츠워싱 논란에 직면해 있던 사우디로서는 이 논란을 비켜 가기 위해서도 엑스포 유치가 꼭 필요했을 것이다. 더구나 2년 뒤인 2032년은 사우디 건국 100주년이 되는 해여서 절박함에서도 한국보다 앞서 있었다.

　사우디라고 하면 으레 오일머니를 거론할 만큼 사우디는 한국인에게 부국의 대명사로 각인되어 있다. 석유가 국제 질서의 핵심이던 세상에서 산유국의 좌장을 자임했을 뿐 아니라 석유로 쌓

페르시아만의 버려진 석유 시추 시설.(출처: 미국 국립문서기록관리청)

아 올린 부가 엄청나니 그렇게 생각하는 게 무리도 아니다. 하지만 실상은 그것과 거리가 멀다. 석유 매장량이나 생산량이 다른 걸프 국가에 비해 월등하다는 자신감이 오히려 석유 이후를 준비하는 데 게으르게 만들었고, 이제는 셰일오일의 등장으로 가격 조정 능력뿐 아니라 시장 점유율마저 잃어 그에 필요한 재원을 마련하기도 쉽지 않게 되었다.

　　사우디를 비롯한 걸프 국가는 우리의 오랜 시장이었다. 우리 기업은 그곳에서 얻은 기회를 통해 양적·질적으로 성장했고, 그것이 세계 시장으로 진출하는 발판이 되었다. 이후 수십 년 동안 경쟁은 치열해지고 상황은 악화 일로를 걸었다. 그렇기는 해도 아직도 그만큼 역동적인 시장은 찾기 어려운 것이 사실이다. 걸프 국가는 아직도 놓칠 수 없는 시장이라는 말이다. 거기에 참여하기 위해서는 시장에 대한 많은 이해가 필요하지만, 아쉽게도 그와 관련해

시장을 총체적으로 조망한 책을 찾지 못했고 부분적으로 다룬 책
도 몇 종 되지 않는다.

　걸프 시장을 이해하기 위해 그 시장을 직접 경험한 전문가들
이 쓴 책 세 권을 골라 필요한 부분을 연결해 가며 읽었다. 한국석
유공사에서 석유 정책을 다루던 최지웅의 『석유는 어떻게 세계를
지배하는가』에서는 '산유국 경제' 초기 형태를, 아랍에미리트(이하
UAE) 대사를 역임한 권해룡의 『중동 경제 3.0』에서는 걸프 국가의
'산유국 경제' 탈출 과정을, 개발 경제학자 임성수와 외교부 아프
리카중동국에 재직 중인 손원호의 『중동을 보면 미래 경제가 보인
다』에서는 '석유 이후'를 준비하는 걸프 국가의 현황을 살펴보았다.

## 국제 질서의 핵심으로 등장한 석유

최지웅은 그의 저서에서 석유가 국제 질서의 핵심에 오른 과정을
이렇게 설명한다. 먼저, 석유의 위력을 세계에 알린 사람은 윈스턴
처칠이었다. 1911년 당시 영국 해군장관이었던 그는 독일과 해
군력 경쟁에서 우위에 서기 위해 함대의 연료를 석탄에서 석유로
바꾸었고, 그 결과 함정의 속도와 작전 반경을 크게 개선할 수 있
었다. 석유가 석탄보다 부피도 작고 열량이 높았기 때문이다.(『석
유는 어떻게 세계를 지배하는가』, 19쪽)

　1940년대 초반까지 중동을 지배하던 영국이 소련의 위협에
대비하기 위해 미국에 손을 내밀자 2차 세계대전에 참여하면서
석유와 중동의 중요성을 깨닫게 된 미국이 이에 응해 협약을 맺었
다. 그리고 이란의 석유는 영국이, 사우디의 석유는 미국이, 이라크
와 쿠웨이트의 석유는 양국이 개발하기로 합의했다.(『석유는 어떻게
세계를 지배하는가』, 26-27쪽)

　1955년 이집트가 아스완댐 건설비를 확보하기 위해 수에즈

운하를 국유화하자 영국·프랑스·이스라엘이 2차 중동전쟁을 일으켰다. 이에 대항해 이집트는 선박을 침몰시켜 수에즈운하를 봉쇄하고 그 결과 유럽의 석유 재고가 바닥났다. 이 전쟁에 반대한 미국이 유럽에 석유 공급을 중단하겠다고 선언하자 영국과 프랑스가 군대를 철수해 수에즈 위기가 마무리되었다. 이로써 석유가 국제 질서의 핵심인 것이 명확히 드러났다.(『석유는 어떻게 세계를 지배하는가』, 40-45쪽)

　　이런 과정을 거쳐 석유가 국제 질서의 핵심에 오르기는 했어도 1960년까지 석유의 주도권은 메이저 석유 회사들이 행사했다. 1960년 8월 메이저 석유 회사들이 유가를 10센트 낮추자 그동안 그들의 횡포에 분노했던 사우디·베네수엘라·이란·이라크·쿠웨이트가 즉각 석유수출국기구(OPEC)를 결성했다. 석유의 주도권은 이렇게 산유국으로 넘어갔다.

　　중동 산유국, 특히 걸프협력회의(GCC) 구성원인 걸프 국가는 석유가 국가 경제를 주도해 왔다. 아무것도 없다시피 했던 나라가 석유 하나로 일어섰으니 당연한 일이다. 걸프 국가는 형태가 조금씩 다르기는 해도 모두 왕국인데, 모든 왕실은 하나같이 석유로 인한 수익을 왕실 재산으로 여겼고 그 수익 일부를 국민에게 보조금으로 지급해 왔다. 국민에게 돌아갈 당연한 권리라기보다는 왕실이 내리는 시혜 정도로 여긴 것이다. 그리고 국가의 경제 활동 대부분은 외국인 근로자에게 맡겼다.

　　권해룡은 걸프 국가 왕실이 국민에게 지급한 보조금이 전기·수도 요금이나 유류대에 치중되어 있어 정작 보조금을 받아야 할 빈곤층보다는 중산층이나 고소득층이 수혜를 입는 모순이 발생했다고 지적한다.(『중동 경제 3.0』, 186쪽) 이후 각국 정부는 수익을 소비 확대와 시멘트나 철강 같은 수입 대체 산업에 투입했다. 하지만 수입 대체 산업이 자본 집약적인 장치 산업에 치중되어 있어 고용 창출 효과가 미미할 수밖에 없었다. 그사이 1990년대 말까지 높은 출산율로 인구가 급격하게 늘어났다. 권해룡은 또한 1990년대 걸프 국가 공공 분야의 인건비가 GDP의 11.3퍼센트에 이른다고 언급하고 있는데,(『중동경제 3.0』, 181쪽) 이러한 공공 분야의 과잉 인력은 수입 대체 산업의 미미한 고용 창출 효과나 급격한 인구 증가와 무관하지 않아 보인다.

　　걸프 국가가 중동 부국으로 올라서게 된 데에는 두 번에 걸친 오일쇼크가 결정적이었다. 1973년 4차 중동전쟁에서 감산으로 재미를 본 사우디가 종전 후에도 감산을 유지하자 유가가 3달러에서 12달러로 급등한 1차 오일쇼크가 일어났다. 1979년 이란에 루홀라 호메이니가 등장하고, 사우디 메카를 폭도들이 점거하고, 소련이 아프가니스탄을 침공하면서 중동이 정정 불안의 소용돌이에 빠져들자 유가가 40달러로 급등한 2차 오일쇼크가 일어났다. 그 결과 세계 경제가 성장을 멈췄지만 석유 수입국의 대응도 만만치 않았다. 북해와 알래스카에서 유전을 개발하고, 대체 에너지로 미국이 원전 200기 건설을 계획하고, 프랑스도 원전 건설에 나섰다. 지금 게임체인저의 자리에 올라 'OPEC 주도의 석유 시장'을 뒤흔드는 셰일오일도 이때 개발이 시작되었다.

## 산유국 경제를 탈피하려는 걸프 국가들의 몸부림

석유 수입국의 이런 반응이 나오기 전에도 걸프 국가에서 석유 이후를 준비해야 한다는 자성의 소리가 있었다. 사우디의 전설적인 인물인 아흐메드 자키 야마니 석유부 장관은 1차 오일쇼크 무렵 이미 "석기 시대가 돌이 부족해서 끝난 것이 아니듯 석유 시대도 석유가 고갈되기 전에 끝날 것"이라며 석유 이후를 염려했다. 걸프 국가도 그동안 탐사와 생산에 치중하던 석유 산업을 정유와 석유화학 산업으로 확대했다. 하지만 경제 활동은 외국인 근로자에게 맡겨 놓고 국민에게는 복지 형태로 수익을 배분했을 뿐 석유에 의존하는 '산유국 경제'의 본질은 벗어나지 못했다.

이런 상황에서 가장 먼저 미래 지향적 사업에 투자하고 나선 건 산유국이라고 하기에는 석유 매장량이 턱없이 부족한 UAE의 두바이 토후국이었다. 자원 부족에 대한 절박감이 오히려 그들을 선두에 서게 만든 것이다. 사실 두바이의 약진은 가진 게 워낙 없어 외국 자본에 의존할 수밖에 없었고, 그러다 보니 다른 나라와는 달리 금융과 관광 산업에 뛰어들어서 가능한 일이었다. 그렇게 계속될 줄만 알았던 성장세는 2008년에 밀어닥친 글로벌 금융 위기를 넘지 못하고 모라토리엄을 맞아 멈춰 섰다.

이에 자극받은 UAE의 아부다비 토후국은 새로운 전략과 패러다임으로 무장하고 고부가가치 산업, 혁신 정보 통신 기술(ICT) 산업, 녹색 성장과 같은 산업 고도화를 달성했다. 임성수와 손원호가 그들의 저서에서 전하는 UAE의 약진은 놀랍다. 경제 지표로 봐도 UAE는 '산유국 경제'를 벗어난 지 오래되었다. 2020년 UAE의 비석유 부문 GDP는 전체의 80퍼센트가 넘었고, 그중 두바이는 2021년 98퍼센트에 이르렀다. 그뿐 아니라 그동안 에너지·항공·관광·부동산과 같은 경기 민감 산업이 주를 이루던 UAE의 산업 구조는 이미 우주 항공 산업·첨단 제조업·4차 산업으로 전환되고 있다. 산업 다각화의 일환으로 우주 항공 산업을 선택한 것이 다소 뜬금없어 보이지만, 우주 항공 산업이 방송, 통신, 기상, 항공·선박 운항과 같은 분야에 걸쳐 자동차 산업의 세 배에 달하는 파급 효과를 일으킨다는 점에서 그들의 혜안과 실행력은 감탄할 만하다. 실제로 UAE는 2006년 우주센터를 설립하고 2021년 2월 화성

탐사선 '아말'을 화성 궤도에 진입시켰다. 또한 2015년에 '글로벌 녹색성장기구'를 설치하고 '녹색 표준'과 '녹색 코드'도 수립했다.

사우디도 석유 이후를 준비하지 않은 것은 아니다. 파드 국왕이 뇌졸중으로 쓰러진 후 1995년부터 사우디를 실질적으로 이끌었던 압둘라 국왕도 취업을 늘리고 산업을 다각화하는 정책을 펼쳤지만 효과는 미미했다. 그러다가 살만 국왕이 즉위하고 무함마드 빈 살만* 왕세자가 실질적인 통치자로 올라선 2017년에야 비로소 본격적인 경제 개발 계획이 시작되었다. 당시 무함마드 빈 살만 왕세자는 사업비가 1년 국가 예산을 훌쩍 뛰어넘는 '네옴시티(Neom City)'를 필두로 수많은 거대 사업을 발표해 세계의 이목을 끌었다. 그가 추진하는 거대 사업은 하나같이 규모나 내용이 상상을 넘어선다. 물론 UAE가 2117년에 화성에 도시를 건설하겠다고 선언한 것을 생각하면 네옴시티가 허황한 것만은 아닐지도 모른다.

그러나 그러기에는 사우디의 경제력이 너무나 취약해 보인다. 2014년부터 계속되는 저유가로 8년이나 국가 재정이 적자를 면치 못했고, 2022년 유가가 100달러를 넘어서면서 1년 남짓 흑자로 돌아섰던 때를 제외하면 지금까지 적자가 계속되고 있다. 물론 무함마드 빈 살만 왕세자로서는 그런 경제 구조에서 벗어나기 위해 거대 사업을 선택한 것이고, 그래서 외국인 투자를 전제로 사

---

* 사우디 왕세자의 이름은 무함마드이고 여기에 아버지 이름, 할아버지 이름, 가문 이름을 덧붙인 '무함마드 빈 살만 빈 압둘아지즈 알 사우드'가 그의 성명(full name)이다('빈-'은 '-의 아들'이라는 뜻이다). 우리는 흔히 그를 '빈 살만'이라고 부르지만, 살만 국왕의 아들이 12명이니 빈 살만은 모두 12명인 셈이 되므로 옳은 표기 방법이 아니다. 그렇다고 '무함마드'라고 부르기도 어렵다. UAE의 대통령인 무함마드 빈 자이드와 총리인 무함마드 빈 라시드가 중동의 실력자로 자리 잡고 있기 때문이다. 따라서 이 글에서는 '무함마드 빈 살만'으로 그를 지칭한다.

네옴시티 공사 현장.(출처: 네옴시티 웹사이트)

업을 추진하고 있다.

　　하지만 네옴시티를 제외한 거의 모든 사업이 관광 사업이나 이를 뒷받침하는 항공 사업, 스포츠 사업이라는 점은 의아하다. 네옴시티에도 '트로제나'와 '신달라' 같은 리조트가 들어 있을 뿐 아니라, 최근 발표되는 네옴시티의 구체적인 사업도 하나같이 관광 사업이다. 관광 사업에 선도적이었던 UAE가 중동에서 코로나19로 가장 많이 타격을 받은 나라로 꼽힌다는 점에서도 알 수 있듯이 관광 사업은 재난에 매우 취약하다. 게다가 관광 사업은 동쪽의 UAE와 카타르, 서쪽의 이집트와 경쟁해야 할 뿐 아니라 자국 내에서도 관광지끼리 경쟁해야 한다. 자연의 아름다움보다는 인공 구조물로 관광객을 유치해야 하는 한계도 무시하기 어렵다.

## 산유국 경제 탈피의 장애물

경제 개혁을 추진하는 데 중요한 것 중 하나가 정치적 안정이다. 걸프 국가 중 가장 먼저 '산유국 경제'에서 벗어난 UAE가 아랍 민족과 견원지간인 이스라엘과 2020년 외교 관계를 수립했고 2022년 자유무역협정(FTA)도 체결했다. 2016년 공사급 관계로 격하시켰던 이란과의 외교 관계도 2022년 다시 대사급 관계로 복원했다. 무함마드 빈 살만 왕세자도 2017년 비밀리에 이스라엘을 방문해 화해의 물꼬를 텄고, 2020년 11월에는 베냐민 네타냐후 이스라엘 총리가 사우디 네옴시티를 찾아 왕세자와 만났다. 비록 한 발짝 뒤졌지만 사우디가 UAE를 부지런히 따라가고 있는 것으로 보인다. 그렇다면 과연 사우디가 UAE의 성공 신화를 재현할 수 있을까?

　　사우디는 '비전 2030'의 재원을 국부 펀드인 공공투자기금(PIF)으로 충당한다고 발표했는데, 기금의 규모나 기금을 확대할 수 있는 여력은 UAE의 국부 펀드에 비교할 바가 아니다. 우선 자산 규모 면에서 PIF가 7,760억 달러인 데 비해 UAE는 아부다비 투자청(ADIA)을 비롯한 4개 펀드에 1조 5,685억 달러로 사우디의 두 배가 넘는다.* ADIA는 원유 잉여 수익이 재원으로 투입될 뿐 아니라 기금이 미국이나 유럽 안전 자산에 투자되어 있다.(『중동을 보면 미래 경제가 보인다』, 97쪽) 반면, PIF는 정부 출자나 국영 석유 기업(아람코) 매각으로 기금을 충당하기 때문에 적자 재정이 계속되고 있는 사우디로서는 외부 차입에 의존할 수밖에 없다. 그뿐 아니라 최근 수년간 전망이 불투명한 스포츠 산업 등에 과도하게 투자하고 있어 PIF의 재정은 계속 악화하고 있다.(『중동을 보면 미래 경제가 보인다』, 43-45쪽) 외국 자본에 의존했던 두바이가 겪은 2009년 모라토리엄이 연상되는 대목이다. 결국 사우디 '비전 2030'의 성공

---

* 국부펀드연구소(SWFI)에서 제공하는 PIF, ADIA 등의 실시간 자산 규모 데이터를 참고했다.

은 외국인 투자에 달린 셈이고 사우디 정부에서도 이를 공식화하고 있다.

하지만 무함마드 빈 살만 왕세자의 거침없는 행보로 안정되어 가는 것 같던 정치적 상황이 2023년 10월 일어난 이스라엘-하마스 전쟁으로 다시 한번 위기를 맞았다. 이 전쟁은 당사자인 이스라엘뿐 아니라 배후인 사우디와 이란에도 달갑지 않을 것이어서 오래 가지 않으리라고 짐작했지만 2024년 1월 현재 오히려 확전 양상을 보이고 있다.

더 큰 문제는 정치적 상황이 이렇게 불안하고 OPEC에서 감산을 결정했는데도 유가는 오히려 약세를 면치 못하고 있다는 점이다. 바로 셰일오일 때문이다. OPEC과 점유율 경쟁에서 밀려 도태될 것 같던 셰일오일은 급속한 기술 발전으로 생산 한계를 따지는 게 무의미할 정도로 하루가 다르게 생산량이 늘어나고 있다. 그 결과 2023년 미국과 캐나다의 석유·가스 생산량이 중동을 추월했다. 감산으로 유가를 떠받치려던 사우디는 점유율마저 위협받자 2024년 1월 아시아에 공급하는 유가를 2달러 인하해 점유율 복구에 나섰다. 유가를 지키려다가 점유율을 잃어 10년 넘게 고생했던 1980년대의 경험도 기억났을 것이고, 그러다가 자칫 매장되어 있는 석유를 캐보지도 못하고 석유 시대 종말을 맞는 게 아닐까 두렵기도 했을 것이다.

그렇다면 사우디를 비롯한 걸프 국가의 경제 개발 계획은 재정만 뒷받침되면 실행이 가능한 것일까? 전 UAE대학 교수 압둘칼리끄 압둘라는 그의 저서에서 "모든 개혁 정책은 민주주의 영역에서 신뢰성이 보장되지 않으면 완성될 수 없다"*고 말한다. 권해

---

* 압둘칼리끄 압둘라, 김강석·안소연 옮김, 『걸프의 순간』(쐐딴스북, 2023), 224쪽.

룡은 "중동의 정치와 문화가 본질적으로 민주주의 가치와 상충한다"고 지적한다.(『중동 경제 3.0』, 28-29쪽) 2010년 '아랍의 봄'도 잘 견뎌 낸 걸프 국가가 왕정을 포기할 것이라는 조짐은 보이지 않는다. 왕정에서는 개혁이 반드시 실패한다고 단정할 수는 없겠지만 한계는 있을 것이고, 결국 걸프 국가의 개혁도 마찬가지 아닐까.

　　저자들이 지적한 문제 말고도 걸프 국가의 치명적인 약점이 하나 더 있는데, 대부분의 경제 활동을 외국인에게 의존한다는 점이다. 사우디 통계청이 내놓은 2023년 1분기 자료에 따르면 전체 취업 인구 1,536만 명 중 자국민은 387만 명으로 25퍼센트에 불과하다. 그나마 2019년 4분기에 비해 70만 명이나 증가해서 그렇다. 전체 인구는 자국민이 외국인의 1.5배에 달하면서도 취업 인구가 외국인의 3분의 1에 불과한 상황이야말로 사우디의 문제를 적나라하게 보여 주는 것이 아닌가 한다. 이를 해결하기 위해 사우디 정부는 자국민 의무 고용 정책인 '사우디제이션'을 강력하게 펼치고 있지만, 이는 자국민이 일할 준비가 되어 있지 않다고 고백하는 데 지나지 않는다. 의무를 부여해야 마지못해 채용한다는 것이니 말이다. 그런데도 자국민을 성실한 근로자로 키우는 프로그램은 찾아보기 어렵다. 한편 현재 자국민이 전체 인구의 10퍼센트에 불과한 UAE와 카타르는 그 비율이 2027년 5퍼센트, 2035년에는 1퍼센트까지 떨어지고 그 이후에는 거의 0퍼센트에 가까워질 것이라고 예상한다. 이에 비하면 경제 활동을 외국인에게 크게 의존해서 문제라는 사우디의 상황은 오히려 대수롭지 않아 보인다.

## 걸프 시장에 대해 좀 더 많은 관심을

지금까지 살펴본 바에 따르면 걸프 시장은 전망이 그리 밝지 않다. 그래도 당장은 세계 어디에서도 그처럼 역동적인 시장을 찾을 수 없는 만큼 수출 의존도가 높은 우리로서는 걸프 시장을 철저하게 분석해서 공략할 필요가 있다. 그런데도 그에 대한 정보는 놀랄 만큼 부족하고, 그나마 알려진 것 중에는 부정확한 것이 하나둘이 아니다. 중요한 시장이라고 하면서도 정작 그중 가장 큰 시장인 사우디에는 우리 기업의 중동 진출 이래 언론사 특파원이 주재한 일조차 없다. 정보가 부족하고 부정확한 것이 당연한 일이었다는 말이다.

1973년 삼환기업이 사우디에서 도로 공사를 수주한 것을 시작으로 우리 기업이 걸프 시장에 진출한 지도 이미 50년이 넘었다. 하지만 세월이 그만큼 흘렀는데도 시장에 대한 정보나 인식은 좀처럼 달라지지 않았다. 나 역시 현지에서 13년간 근무하면서 그런 오해 때문에 몹시 고단했고, 귀국하고 나서는 그 오해를 바로잡으려다 오히려 비난을 받기도 했다. 지금도 시중에서 걸프 시장에 대해 참고할 만한 책을 찾기 어렵고, 언론에도 이와 관련한 분석 기사가 보이지 않는다. 과문한 탓이겠지만 학계에서도 이 시장에 대해 관심이 없기는 마찬가지로 보인다. 앞으로 학계와 언론계뿐 아니라 관련 전문가의 분발을 기대한다. 서리북

박인식
1980년 고려대학교를 졸업하고 한국지질자원연구원을 거쳐 1982년부터 벽산엔지니어링에서 원전을 비롯한 사회기반시설 조사·설계에 참여했다. 2009년 사우디 벽산아라비아에 부임해 근무하다가 2021년 귀국한 후 벽산엔지니어링 전문위원으로 재직하고 있다. 압둘라 국왕부터 무함마드 빈 살만 왕세자로 이어지는 13년간 사우디 격동의 세월을 지켜보았다. 2022년 『무함마드 빈 살만』을 번역했다.

📖 얽히고설킨 중동 정세가 우리에게 중요한 것은 그곳이
수출로 먹고살아야 하는 우리 기업들에게 놓칠 수 없는
시장이기 때문이다. 그 대표적인 예가 최근 세계의 관심이
집중되고 있는 사우디의 거대 사업들인데, 그 성패는 바로
중동의 안정에 달렸다. 아산정책연구원 중동센터장인 저자가
중동 정세의 복잡다단함을 설명하고 있다.

"사우디와 아랍에미리트는 무슬림형제단을 반대하지만
이란은 무슬림형제단을 지지한다. 이란은 시리아 아사드
정권을 지지하고 아사드 정권은 무슬림형제단을 반대한다.
하마스는 무슬림형제단을 지지하나 반미고, 카타르는
무슬림형제단을 지지하나 친미다."―책 속에서

『최소한의 중동 수업』
장지향 지음
시공사, 2023

📖 우리는 걸프 국가를 그저 석유 하나로 일어선 졸부 국가
쯤으로 여긴다. 석유 하나로 일어선 국가인 것은 맞는데
놀랍게도 그들의 역량은 이미 상당한 수준에 이르렀을 뿐
아니라 그 영향력이 하루가 다르게 커져 가고 있다.
전 UAE대학 정치학 교수인 저자는 이 책에서 걸프 국가의
성장 스토리를 들려준다. 행간에서 잠재된 문제로 인한
그의 두려움도 느껴진다.

"걸프의 리더십은 비전 없이는 완성될 수 없으며 그 비전은
민주주의 영역에서 신뢰성이 보장되지 않으면 만들어질 수
없다."―책 속에서

『걸프의 순간』
압둘칼리끄 압둘라 지음
김강석·안소연 옮김
쑬딴스북, 2023

『자연에 이름 붙이기』
캐럴 계숙 윤 지음, 정지인 옮김
월북, 2023

# 이름을 불러 주지 않아도 꽃은 이미 거기에 있다

## 정우현

케임브리지대학교 트리니티칼리지의 채플 홀에는 아이작 뉴턴의 업적을 기리는 석상이 세워져 있다. 그의 손에는 보일 듯 말 듯 자그마한 무언가가 들려 있는데, 그것은 다름 아닌 프리즘이다. 뉴턴은 이 작은 프리즘으로 빛의 정체를 밝혀냈다. 그가 1704년 발표한 책『광학』에 의하면 빛은 입자이며, 백색의 빛 속에 일곱 가지 무지개색이 모두 담겨 있다. 어두운 방에서 프리즘을 통과한 빛의 스펙트럼은 빨주노초파남보의 순서대로 분리되었다가, 두 번째 프리즘에 의해 한 줄기 백색의 빛으로 다시 합쳐졌다. 빛이란 다양한 길이의 파장을 가진 여러 단색광이 단순히 기계적으로 합쳐져 이루어진 것임이 이렇게 밝혀졌다.

약 백 년 후, 뉴턴의 이론이 오류투성이였다고 주장하는 인물이 나타났다. 놀랍게도 그는『젊은 베르테르의 슬픔』을 쓴 작가 요한 볼프강 폰 괴테였다. 괴테는 1810년 쓴『색채론』에서 뉴턴의 기계적이고 환원주의적인 광학 이론은 인간의 정신이 색상을 자연스럽게 인지하는 데 오히려 장해가 된다고 비난했다. 그는 백색광을 만들기 위해 일곱 가지 색깔이 다 필요한 게 아니라 빨강, 초록, 파랑의 삼원색이면 충분하며, 삼원색과 각각의 보색, 그리고 잔상 현상이 인간에게 심리적으로 정반대의 느낌을 가져다주는 효과를 낸다고 주장했다. 괴테는 빛에 관한 뉴턴의 학설에서 오류를 찾아내는 것이 자신의 역사적 사명이라고 생각할 정도로 자신의 이론에 큰 자부심을 보였다.

당대의 화가들은 색깔의 심리적 효과를 강조하는 괴테의 이론을 환영했지만, 과학자들은 이를 철저하게 무시하고 배격했다. 수학적 체계를 갖추지 못한 비과학적 이론이라는 이유에서였다. 그러나 얼마 후 인간의 망막에는 빨강, 초록, 파랑의 삼원색만을 주로 인식해 이를 뇌로 전달해 총천연색을 구현해 내는 세 가지 수용체가 존재한다는 사실이 밝혀졌다. 뉴턴의 이론대로 빛 속에 모든 색깔이 다 들어 있는지는 몰라도, 현대 신경생리학은 인간의 눈이 세 가지 파장의 색깔만 인지하더라도 모든 색을 구분하고 재구성해 낼 수 있음을 밝혀 괴테의 주장에 일리가 있음을 증명했다. 괴테는 그의 제자 요한 페터 에커만에게 이렇게 말했다.

> 자네도 알겠지만 우리 외부에 있으면서 동시에 우리의 내부에 있지 않은 것은 없네. 그러므로 외부의 세계가 그 색채를 가지고 있듯이 눈도 역시 그 색채를 가지고 있지.*

뉴턴과 괴테 중 누가 더 빛의 정체와 색깔의 원리를 과학적으로 설명했다고 할 수 있을까? 수학적이고 기계적인 방식으로 빛을 나누는 것이 옳았을까, 아니면 인간의 직관과 심리적 판단에 의존해 빛을 설명하려는 시도가 옳았을까? 아무도 괴테를 뉴턴에 비길 만한 과학자였다고 여기지는 않을 것이다. 그러나 이런 질문이 따

---

* 요한 페터 에커만, 장희창 옮김, 『괴테와의 대화 1』(민음사, 2008), 325쪽.

뉴턴(왼쪽)과 괴테(오른쪽)의 초상.(출처: 케임브리지대학교; Web Gallery of Art)

라 나올 수 있다. 과학은 비인간적인가? 과학은 과연 누구를 위한 학문인가? 여기 괴테의 역설을 떠올리게 하는 또 하나의 이야기가 있다. 한국계 미국인 과학자 캐럴 계숙 윤(Carol Kaesuk Yoon)의 '분류학' 이야기다.

## 자연에 이름 붙일 권한은 누구에게 있는가

진화생물학자 캐럴 윤은 『자연에 이름 붙이기』에서 생명에 이름을 붙이고 비슷한 것끼리 분류해 자연에 질서를 부여하려는 여러 과학자를 등장시키며 유서 깊은 분류학의 250년 역사를 들려준다. 그것은 1735년 『자연의 체계(Systema Naturae)』라는 걸작을 출간하며 분류학의 기초를 다진 칼 폰 린네의 분류법에서 시작해 진화분류학, 수리분류학, 분자분류학을 거쳐 최종적으로 분기학(cladistics)이라는 독특한 이름이 등장하기까지, 분류학이라는 학문이 겪어 온 격변의 역사다.

저자가 하고자 하는 말은 사실 스무 쪽 남짓하는 분량의 프롤

로그에 모두 담겨 있다. 400쪽이 넘는 나머지 내용은 그에 대한 친절한 부연이다. 짧지 않은 내용에도 불구하고, 책을 손에서 내려놓지 못한 채 단숨에 읽게 만드는 힘은 저자의 뛰어난 문장력과 공감하지 않을 수 없게 하는 스토리텔링 능력에 있다.

린네의 시대에는 모든 사람이 생명의 경이로움에 사로잡혀 있었다. 대항해 시대(age of discovery)의 도래와 함께 유럽의 살롱과 응접실, 박물관은 진귀한 동식물의 표본으로 가득 찼다. 온 세상이 박물학과 사랑에 빠져 있었다 해도 과언이 아니었다. 점점 커져만 가는 생명의 컬렉션을 체계적으로 관리하고 싶어 했던 시대의 요청이 린네라는 영웅을 만들어 냈다.

그러나 분류학은 복잡미묘하다. 자연의 질서를 올바로 규정하는 방법에 대한 과학적 근거라 할 만한 것은 뚜렷이 존재하지 않기 때문이다. 체계적인 계층 구조와 라틴어 이명법(binomial nomenclature)을 도입하고 12,000종이 넘는 동식물에 이름을 붙여 '과학적 분류의 아버지'라 불렸던 린네조차도 자신의 분류 작업의 기준을 논리적으로 설명하지 못했다. 이후 영원히 불변한다고 믿었던 종의 개념이 찰스 다윈의 진화 이론으로 인해 뿌리부터 흔들리기 시작하면서 전통적인 분류학은 수난을 겪는다. 유전체 염기서열을 바탕으로 진화적 계보를 연구하는 현대화된 수학적 방법론이 등장하자 분류학자는 과학자로 불리기에도 민망한 취급을 받게 되었다.

진화적 유연(類緣)관계가 분류의 정확성 여부를 판가름하는 최종 결정자가 됨에 따라 직관에 의존하던 기존의 방식은 처분되어야 마땅한 구닥다리로 전락했다. 바로 이 과정에서 물고기의 존재가 부정되었다. 희대의 사형 선고가 내려진 것이다. '어류'라는 분류군은 따로 존재하지 않는다. 물고기뿐 아니라 파충류도 존재하지 않으며, 얼룩말도 나방도 역시 존재하지 않는다는 것이 분기학자들의 결론이었다. 저자는 물고기의 죽음이 온당한 일임을 머리로는 이해하지만 심적으로는 결코 받아들이지 못한다.

그러나 저자는 책을 쓰는 도중 "과학이 생명의 세계를 분류하고 명명하는 가장 좋은 방법도, 유일하게 타당한 방법도 아니라는 사실"을 점차 깨닫는다.(20쪽) 생명의 분류와 명명은 민주적이어야만 하고, 심지어 과학의 지배력을 뒤집어엎는 일이어야 한다고 항변한다. 바로 '움벨트(Umwelt)'라는 보편적이고도 근본적인 개념의 중요성을 새삼 발견했기 때문이다.

## 움벨트는 과연 과학의 적인가

움벨트란 독일의 동물학자 야콥 폰 윅스퀼(Jakob von Uexküll)이 만든 단어로 '환경' 또는 '주변 세계'를 의미한다. 동물의 감각으로 세계를 바라보는 관점의 중요성을 설명하기 위해 제안한 개념이다. 『이토록 굉장한 세계』를 쓴 과학 저술가 에드 용(Ed Yong)은 이 단어를 오직 동물만이 고유의 감각으로 경험할 수 있는―따라서 인간으로서는 상상하기 어려운―환경 세계를 지칭하는 데 사용했다. 박쥐는 초음파로 주변 지형을 탐지하고, 개미는 화학물질인 페로몬을 분비해 신호를 주고받는다. 그러나 이 책에서 움벨트는 "생명의 세계에 질서를 부여하는 인간 특유의 시각"이라는 의미로 사용되었다.(37쪽)

저자는 움벨트가 우리 인간 종이 수렵과 채집으로 살아가던 시절에 자연스럽게 형성된 것으로, 취미나 과학 이전에 생존을 위해 필수적이면서도 직관적인 감각에서 유래했다고 보았다. 따라서 움벨트는 거의 모든 원시 문화권에서 보편적으로 발달한, 이른바 '민속 분류학(folk taxonomy)'의 기준이 되기에 걸맞은 일관성을 지니고 있다는 것이다. 그러나 오늘날의 과학은 인간의 직관을 신뢰하지 않으며, 주관적 판단을 금지하는 방식으로 발전해 왔다. 저자는 과학 때문에 인간의 움벨트가 완전히 무너졌고, 최종적으로 폐기되는 수순을 밟기에 이르렀다고 지적한다.(39쪽) 그리고 움벨트의 상실은 야생의 자연 자체의 상실이라는 전 지구적인 비극으로 이어졌다고 한탄한다.

부모가 모두 과학자였으며 남편도 친구들도 대부분 과학자인 환경에서, 스스로도 철저히 '과학의 젖'을 먹고 자란 엘리트 과학자인 저자가 현대 과학의 무정함을 지적하며 인간의 감각과 주관적 판단을 변호하는 모습에는 틀림없이 어떤 울림이 있다. 생명이라는 존재를 정의하고 거기에 의미를 부여할 권한을 통계적 분석에 따른 정량적 과학에만 맡기는 것은 비인간적으로 보일뿐더러, 생명에 대한 더 깊은 이해를 훼손할 우려도 있다. 기계적인 과학이 명백히 진실이라고 믿어 오던 것을 앗아가는 부당한(?) 행위를 그저 보고만 있어야 하는 저자의 고통도 이해가 간다. 그것은 어쩌면 전 우주의 중심이었던 지구가 변방으로 밀려났음을 인정하는 아픔이며, 신의 형상을 따라 만들어진 줄 알았던 인간이 한낱 동물의 후손이었음을 깨닫는 당혹감과 비교해도 크게 다르지 않을 것이다.

그러나 이런 항변들이 뒤늦게 등장한 분기학자들의 버릇없는 언행에 대한 저자의 다분히 감정적인 대응에서 비롯된 것은 아닌지 의심스럽다. 저자는 분기학자들을 "우악스럽고 제멋대로인 집단"으로 폄하한다.(25쪽) 심지어 수학과 분자생물학으로 무장한 분기학자들이 구식 분류학자들을 모욕했으며,(329쪽) 신나게 까불어 대며 "자신들을 유일하게 진정한 진화론자, 다윈의 지적 후손이라고 선언하는 뻔뻔함"까지 드러냈다며 분노를 터뜨리는 것이다.(358쪽)

하지만 분기학자들의 새로운 방법론에 의해 만들어진 진화계통수(phylogenetic tree)가 전통 분류학자들의 작업을 부정한 것이 아니라 고스란히 재현해 낼 정도로 한결같이 정확하고 논리적이었다는 사실(309쪽)을 보면 저자의 판단에 편견이 없지 않음을 발견할 수 있다. 저자는 존경하는 전통 분류학자들이 과학자로서의 권위를 박탈당하고 변두리로 밀려나는 것을 차마 보고만 있지 못했을 수도 있다. 애꿎게도 저자는 과학의 냉정함을 고발하기 위해 움벨트가 희생되었음을 꼬투리 잡아 문제 삼은 것인지도 모른다.

## 물고기는 정말 존재하지 않을까

룰루 밀러의 베스트셀러 『물고기는 존재하지 않는다』는 바로 이 책에 커다란 영향을 받아 쓰였다고 한다.* 그러나 『물고기는 존재하지 않는다』를 읽고 밀러의 팬이 된 독자라면, 이 책을 읽고 나서 고개를 갸우뚱할지도 모른다. 큰 영향을 받았다고 보기에는 어쩐지 어색하다. 분류학의 새로운 발견을 통해 두 사람이 지향하게 된 세계관은 아이러니하게도 정반대이기 때문이다. 물고기가 존재하지 않는다는 분기학자들의 선언에 한 사람은 말로 다 할 수 없는 씁쓸함을, 다른 한 사람은 통렬한 승리감을 느낀다. 캐럴 윤은 인류의 소중한 움벨트가 무시당한 것에 분노하지만, 밀러는 자신이 증오하는 인물에 인과응보를 실현할 '우주적 정의'의 근거를 발견한 것에 열광한다.

> 1980년대에 분류학자들이 타당한 생물 범주로서 '어류란 존재하지 않는다'는 사실을 깨달은 것이다. 조류는 존재한다. 포유류도 존재한다. 양서류도 존재한다. 그러나 꼭 꼬집어, 어류는 존재하지 않는다.**

---

* 《서울리뷰오브북스》 9호(2023년 봄)에 실린 밀러의 책에 대한 이석재의 리뷰 「질서가 만든 혼돈 속을 헤엄치다」를 참조.
** 룰루 밀러, 정지인 옮김, 『물고기는 존재하지 않는다』(곰출판, 2021), 236쪽.

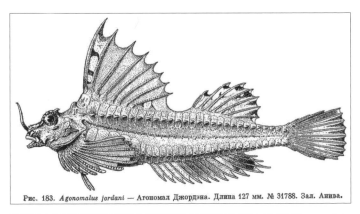

Рис. 183. *Agonomalus jordani* — Агономал Джордэна. Длина 127 мм. № 31788. Зал. Анива.

데이비드 스타 조던이 자신의 이름을 따 붙인 유일한 어류종 아고노말루스 요르다니(Agonomalus jordani). 분기학자들은 '어류'라는 분류학적 범주가 존재하지 않음을 밝혔다. 물고기의 존재 여부는 과학적 결론에 달린 일인가, 움벨트의 판단에 달린 일인가.(출처: fishbiosystem.ru)

　　그런데 밀러는 왜 꼭 꼬집어 '어류'가 존재하지 않는 것에만 초점을 맞춰 책을 썼을까? 분기학자들의 엄중한(?) 선언에 의하면 어류뿐 아니라 파충류도 존재하지 않는다. 얼룩말도 나방도 존재하지 않는다. 찾아보면 사라져야 마땅한 동물의 명단이 아마도 줄줄이 더 나올 것이다. 그럼에도 밀러는 어류에 집중할 뿐, '꼭 꼬집어' 파충류를 언급하지는 않는다. 척추동물을 쭉 나열해 놓고는 파충류는 애써 논의에서 빼놓은 것이다. 왜 그랬을까? 파충류는 그저 그녀의 관심사가 아니었기 때문일까? (공룡을 사랑하는 아이들이었다면 분명 파충류의 존재 여부에 더 큰 촉각을 기울였을 텐데.)

　　밀러는 물고기를 죽여야 했다. 물고기를 제거해야만 그녀의 적 데이비드 스타 조던(David Starr Jordan)의 인생을 망칠 수 있었다. 자신에게 배신감을 선사했던 악당이자 우생학을 지지하기도 했던 어류 분류학자 조던의 위대한 업적을 무용지물로 만들려면 어류라는 범주를 분류학에서 아예 지워 버리는 것보다 더 확실한 일은 없다.

비정한 과학주의는 그녀가 그토록 혐오하고 배척하던 것이었으나, 공교롭게도 그 과학 때문에 조던이 그토록 애지중지하던 물고기를 살처분하듯 없애 버릴 수 있었다. 그러나 어류라는 분류상의 명칭이 존재하지 않는다는 판단은 단순히 물고기가 존재하지 않는다는 결론으로 끝날 게 못 된다. 그것은 전통적으로 어류라고 불려 온 모든 종들이 진화적 관점에서 봤을 때 하나의 분류군으로 뭉뚱그릴 수 없다는 판단에서 나온 의미론적 수사이자 언어학적 너스레일 뿐이다. 밀러는 자신의 삶을 변호하기 위해 그 말을 필요 이상으로 진지하게 인용했다. 시쳇말로 하자면 정신 승리다. 자연 세계에 질서정연한 계급 구조를 부여하려던 조던에게 크게 한 방 먹여야만 자신의 과도한 집착에서 비롯된 배신감에 대한 분노를 해소할 수 있었던 것이다.

　　물고기의 죽음이라는, 분기학자들만의 언어유희에 그칠 수도 있었던 사실을 대중적으로 널리 퍼뜨려 결국 저자가 사랑하는 물고기를 공개 처형해 버린 밀러는 캐럴 윤이 보기에 다른 분기학자들보다 더 사악한 '악당 중의 악당'으로 보였을지도 모른다. 감추고 싶었던 아픈 상처를 건드려 되레 더 크게 덧나게 만든 셈이다. 먼저 출간된 자신의 책에 찬사를 보냈던 추천인들과 언론들이 밀러의 책에 더 큰 극찬 세례를 퍼붓는 것을 보며 캐럴 윤은 무슨 생각을 했을까?

## 왜 과학에서 교훈을 찾으려 하는가

실은 물고기가 사라졌다고 애도를 표하는 사람이나 반대로 더없이 통쾌하게 생각하는 사람이나 둘 다 썩 이해가 가지 않는다. "어류란 내내 우리의 망상에 불과했다"*라며 물고기의 죽음에서 "우

---

* 같은 책, 242쪽.

주적 정의"*씩이나 되는 운명적인 당위를 찾아내려 하는 사람이라면 더더욱.

이름이 사라진다고 해서 존재가 의미를 잃게 되는가? 우리가 그 이름을 불러 주기 전에도 꽃들은 그저 피어나 어디서든 잘 자라고 있다. 자연은 불러 주는 이름이 없이도 서로 어울려 잘 지낸다. '나투라 논 파싯 살툼(Natura non facit saltum)', 즉 '자연은 비약하지 않는다'라는 말이 있다. 이름을 불러 주거나 비슷한 것끼리 모아 합리적으로 분류했다는 이유로 생명에 갑자기 없던 생명력이 생기거나 가치가 더 높아질 리 없다. 거꾸로 이름을 빼앗겼다고 하여 분류학에 투신했던 학자들의 노고가 하루아침에 물거품이 되는 것도 아니다.

저자는 생물이 전통적 분류 체계에 따라 기존에 가지고 있던 이름을 잃는 것을 '움벨트의 상실'로 해석한다. 그리하여 저자는 새로운 분류의 과학이 사실상 전 세계의 평범한 이들로 하여금 생명의 세계로부터 더 멀어지게 할뿐더러 생명에 대한 몰이해를 유발하고 있으며, 심지어 그 때문에 생명 세계의 대대적인 멸종이 촉발되었고 급기야 생물 다양성마저 심각하게 훼손되고 있다고 간주한다.(367쪽) 따라서 저자는 움벨트라는 경이로움을 되찾는 일이 생명의 세계와 인간 사이의 심각한 단절에서 우리를 구해 줄 마지막 보루라고 믿는다.(172쪽) 움벨트라는 소중한 '비전'을 지키는 것은 물론 중요한 일이다. 그러나 움벨트가 없이는 인류가 생명 세계에 무관심해질 수밖에 없다는 결론은 지나치게 성급해 보인다.

분류는 인간의 가장 오래된 본능 중 하나이며, 태어나자마자 획득하는 능력이기도 하다. 아기는 태어난 지 얼마 되지 않아 생물

---

* 같은 책, 246쪽.

의 세계에 강력하게 매료된다. 『성경』의 「창세기」에서 아담이 맨 처음 한 일도 자신이 다스릴 동물들을 하나하나 구분해 이름을 붙이는 것이었다. 그러나 여기서 보듯 분류라는 작업은 결국 인간을 위한 일이다. 인간의 움벨트에 기반한 자연의 분류와 명명은 사실 인간 중심적 필요에서 비롯된 행위에 불과하다. 동물을 위한 배려에서 출발한 것이 아니다. 호명의 행위에는 이미 권력의 불균형이 잠재되어 있다. 움벨트란 애초에 동물이 인지하는 세계를 상상하기 위해 고안된 개념이었다.(35쪽) 그럼에도 저자는 책에서 동물의 움벨트에 대해서는 일절 언급하지 않는다. 인간의 움벨트를 지키는 일이 자연 속 다양한 생명들의 생존과 번성을 보장하는 데 무엇보다 중요하다는 주장에는 근거가 부족하다.

진화에 대한 압도적인 과학적 증거에도 불구하고 역사적으로 오랫동안 진화론이 사람들에게 받아들여지지 못한 이유는 무엇이었을까? 일단 진화가 받아들여진 후에는 곧바로 피부색이나 출신에 근거한 판단에 따라 인종차별과 성차별 같은 부끄러운 역사가 뒤따를 수밖에 없었던 결정적인 이유는? 그것이 혹 저자가 그토록 애지중지하는 '인간 중심의 움벨트' 때문은 아니었나 조심스레 돌아볼 필요가 있다.

한국어판에는 누락된 이 책의 본래 부제는 '본능과 과학의 충돌(The Clash Between Instinct and Science)'이다. 저자가 분류학이라는 주제를 다루며 '움벨트 대 과학'이라는 이분법적 구도를 책의 처음부터 끝까지 내내 끌고 가는 것 역시 논의의 폭을 납작하게 만드는 원인이 된다. 이는 앞서 언급했던 뉴턴 대 괴테의 특이한 대결 구도를 연상케 한다. 즉, 빛과 색깔의 정체를 올바로 이해하기 위해 '기계적인 분석'을 따라야 하느냐, 아니면 '본능과 직관의 힘'을 신뢰해야 하느냐의 문제 말이다. 둘은 결코 화해할 수 없는 원수 사이가 아니었다. 우리는 새로운 과학을 통해 세계에 대한 우리의 이해가 더 넓어질 기회를 얻은 것이지, 우리에게 익숙했던 기존의 세계를 반드시 폐기하도록 요구받는 것은 아니다.

우리는 과학에서 무엇을 얻을 수 있을까? 과학은 우리에게 옳고 그름을 말해 줄 수 있을까? 과학이 내린 결론과 우리에게 경이를 선사하던 오랜 믿음 사이에 심각한 충돌이 일어난다면 무엇을 존중해야 할까? 열이면 열 과학의 손을 들어 줄 것이다. 그러나 자연과 생명 세계에 대한 결정권을 과학에 모두 일임하려는 판단은 어딘가 찜찜함을 남긴다. 그것은 어쩌면 인간의 존재 이유에 대한 근원적인 의문 때문일 수도 있다. 인간이 없어도 과학은 필요한가? 사실 저자가 말하고 싶었던 바는 이것이었을 것이다. 과학은 스스로 말하지 못한다는 것.

『성경』 속 "요나를 벌하기 위해 삼킨 고래부터 모비 딕까지, 우리는 이 동물들을 '거대한 물고기'라 불렀다."(406쪽) 과학은 고래를 물고기가 아니라 포유류로 분류한다. 그래도 가끔은 고래도 물고기로 여기고 포용할 필요가 있다는 저자의 낮은 목소리는 이상하게도 과학과 충돌하는 것 같지만은 않다. 과학은 버섯이 식물보다 동물에 더 가깝다는 의외의 사실 또한 밝혀냈다. 하지만 버섯을 식물이라 생각하고 먹는 것이 채식주의자에게 무슨 해라도 되겠는가? 우리의 삶에는 과학보다 훨씬 더 크고 중요한 것이 얼마든지 있다. **서리북**

정우현
본지 편집위원. 덕성여자대학교 약학과 교수이자 분자생물학자. 유전체 손상과 불안정성을 일으키는 여러 요인과 스트레스에 대한 생명의 다양한 대응 기전을 연구한다. 생물학에는 다른 학문이 놓치고 있는, 무언가 아주 중요한 것이 숨어 있다고 믿는다. 저서로는 『생명을 묻다』가 있다.

📖 찰스 다윈의 진화론에서 핵심적인 통찰 중 하나는 생명이 마치 나무의 가지처럼 갈라져 진화되었다는 것이다. 한 세기가 더 지나 분자생물학의 혁명적 발견에 따르면 생명의 나무는 생각보다 훨씬 더 복잡하고 촘촘한 가지들로 구성된 미로임이 드러났다. 과학은 우리의 직관과 얼마나 더 다를 수 있을까?

"분자생물학의 '환원주의자' 시각으로 인해 세포나 유전자 연구가 기계론적인 문제로 취급되고 있다고 칼 워즈는 지적했다. 그로 인해 진화에 대한 '전체론적인 문제'와 생명의 궁극적인 기원, 생명체는 어떻게 조직화되었는지에 대한 심오한 미스터리를 시야에서 놓치고 말았다. 이제 40억 년이라는 장대한 스토리에 대한 관심은 사라졌다. 애초에 있었는지조차 의심스럽다."—책 속에서

『진화를 묻다』
데이비드 쾀멘 지음
이미경·김태완 옮김
프리렉, 2020

📖 세계에서 가장 영향력 있는 과학 저널리스트 중 하나이자 풀리처상 수상 작가인 에드 용은 인간을 중심으로 그려 왔던 지구상의 모든 감각의 지도를 다시 그릴 것을 강력히 권유한다. 그리고 그래야만 하는 이유를 '이토록 굉장하게' 제시했다. 우리와 다른 존재들이 가진 '움벨트'가 얼마나 다르고 다양한지 발견할 때 우리의 세계는 더 확장되고 깊어진다.

"그렇기 때문에 이 책은 유치하게 감각의 날카로움에 따라 동물의 순위를 매기고, 우리를 능가하는 능력을 가진 동물만 가치 있게 여기는 명부가 아니다. 이 책은 '우월성'에 관한 책이 아니라 '다양성'에 관한 책이다."
"동물은 단순히 인간을 위한 대역이나 브레인스토밍 세션을 위한 도구가 아니다. 그들은 그 자체로서 가치가 있다. 나는 그들의 삶을 더 잘 이해하기 위해 그들의 감각을 탐구할 것이다."—책 속에서

『이토록 굉장한 세계』
에드 용 지음
양병찬 옮김
어크로스, 2023

유리 천장을 뚫은 우리시대의 경제학자

# 자넷 옐런

존 힐센라스 지음 · 박누리 옮김

마르코폴로

『자넷 옐런』
존 힐센라스 지음, 박누리 옮김
마르코폴로, 2024

# 자넷 옐런을 통해 본 경제와 정치의 접점

## 신현호

경제인의 전기, 자서전, 회고록은 압도적으로 기업가들에게 집중되어 있다. 철강왕과 석유왕으로 불렸던 19세기의 앤드루 카네기와 존 록펠러는 백 년 이상 '위인전'의 단골 메뉴였고, 애플의 스티브 잡스와 테슬라의 일론 머스크 전기는 지금도 세계적 베스트셀러이다. 반면 경제학자는 애덤 스미스나 존 메이너드 케인스 정도가 아니면 전기를 찾아보기 힘든데, 대중의 관심도 차이를 생각해보면 충분히 이해가 가는 일이다. 경제 정책을 담당하는 관료는 전기의 소재로 그 중간쯤 된다. 미국 역사상 가장 위대한 재무부 장관으로 꼽히는 알렉산더 해밀턴과 앨버트 갤러틴 그리고 근래 재무장관을 역임한 로버트 루빈과 팀 가이트너의 전기와 회고록은 국내에도 소개되어 있다. 지난 40년간 미국 중앙은행 총재를 역임했던 폴 볼커, 앨런 그린스펀, 벤 버냉키의 회고록도 널리 읽히고 있다. 국내 인물들의 경우도 비슷하다.

　자넷 옐런은 세계의 어떤 경제 관료보다 더 화려한 경력을 갖

2018년 2월, 연방준비제도 의장 임기를 마치며 고별 연설을 하는 자넷 옐런.
(출처: 미국 연방준비제도)

고 있다. 대통령 경제자문위원장(1997-1999),* 연방준비제도(이하 연
준) 의장(2014-2018)** 및 재무부 장관(2021-) 등 미국 최고위 경제 정
책직 셋을 모두 거친 유일한 인물이다. 각각의 임명권자는 빌 클린
턴, 버락 오바마, 조 바이든 대통령으로 지난 30년간 모든 민주당

---

* 경제자문위원회(Council of Economic Advisers)는 대통령에게 경제 정책에 대한 자문
을 제공하기 위해 1946년 백악관에 처음 설치된 기관으로, 흔히 한국의 국민경제자문
회의와 유사한 것으로 간주된다. 하지만 한국의 위원장과 위원은 모두 비상근이고 사
실상 명예직에 가까운 반면, 미국의 위원장과 위원은 상원의 동의를 받아서 대통령이
임명하는 상근직으로 실질적 업무를 수행한다. 다만 업무의 범위는 대통령에 따라 상
당히 다르다.
** 연방준비제도는 미국 전역에 흩어져 있는 열두 개의 민간 연방준비은행과 워싱턴
D.C.의 정부 기구인 연방준비제도 이사회로 구성되어 있는 반관반민 기구이다. 통상
이사회의 책임자와 부책임자를 의장(chairperson)과 부의장으로, 연방준비은행의 책임
자들을 총재(president)로 번역한다. 옐런은 연준 스태프 이코노미스트, 샌프란시스코
연준 총재, 이사회의 부의장과 의장을 모두 역임했다.

정부에서 중용되었다. 정부 활동에 비해 덜 알려졌지만 학계의 업적도 상당하다. 하버드대와 런던정경대 조교수를 거쳐 버클리대에서 종신 교수가 되었고 미국경제학회장(2020-2021)을 역임했다.

옐런이 박사학위를 마치고 사회생활을 시작한 1970년대는, 사회 전체적으로도 그랬지만 특히 경제 분야에서 여성의 지위가 극히 취약했다. 옐런은 조용하고 나서는 것을 좋아하지 않았지만 수많은 유리 천장을 깨트리면서 새로운 기록을 역사에 남겼다. 연준 의장과 재무부 장관직을 맡은 것은 모두 여성으로서는 미국 최초였는데, 이런 사례는 세계적으로도 매우 드물다. 주요 국가 중 옐런에 버금가는 경력을 가진 여성 경제 관료는 프랑스 재무부 장관과 국제통화기금 총재를 거쳐 유럽중앙은행 총재직을 수행하고 있는 크리스틴 라가르드뿐이다.

## 옐런과 애컬로프, 러브 스토리

'대통령 경제자문위원장, 연준 의장, 재무부 장관, 미국경제학회장, 노벨 경제학 수상자가 매일 저녁 식사를 하며 경제 현안을 논의하는 모임은 무엇인가'라는 농담이 있다. 정답은 자넷 옐런과 조지 애컬로프 부부이다. 애컬로프는 2001년 정보 비대칭에 대한 경제학적 분석으로 노벨 경제학상을 공동 수상했다. 중고차 시장에서 자동차의 상태에 대한 판매자와 구매자의 정보가 다를 경우를 분석한 그의 1970년 논문은 이 분야의 선구가 된 기념비적 연구이다.

애컬로프는 1978년 결혼 이후 옐런과 경제 연구를 공동으로 수행했고, 공직자 옐런의 사회 활동을 자신의 커리어 개발보다 항상 앞에 두고 적극 지원해 왔다. 옐런이 유명해지면서 동료들이 애컬로프를 '미스터 옐런'이라고 부르는 것을 불쾌해하지 않고 오히려 즐기기까지 했다. 아들 로버트의 통학도 맡아 했는데, 다른 학부 모들이 애컬로프를 실업자로 오해할 정도였다고 한다.

존 힐센라스는 인터뷰에서 이 책을 '러브 스토리'라고 부를 정도로 두 사람의 특별한 모습에 주목하고 있다. 출간 직전까지 '옐런: 격변의 시대를 헤쳐 나간 선구적 경제학자'와 '자넷과 조지: 미국 최고의 파워 커플은 어떻게 경제의 폭풍을 헤쳐 나갔는가'라는 두 개의 제목 사이에서 고심했다고 한다. 주인공의 유명세 때문에 최종적으로 전자가 채택되었겠지만, 사실 후자가 이 책의 실질을 더 잘 살리는 제목이다. 특히 책의 전반부는 장별로 옐런과 애컬로프의 이야기를 교차로 배치했을 정도로 두 명의 전기에 가깝다.

## 어린 시절의 교훈

글로벌 금융 위기 여파로 경제가 활력을 되찾지 못하고 높은 실업률에 시달리던 2009년 일이다. 샌프란시스코 연준의 경제학자들이 실업률이 몇 년에 걸쳐 서서히 하락할 것이라는 데이터를 옐런에게 보고하자, 옐런의 입에서 욕설이 튀어나왔다. '이 숫자들은 그냥 숫자가 아냐. XX 사람들이라고.' 절제된 표현으로 유명한 옐런으로서는 매우 이례적인 일이었다. 옐런과 애컬로프는 '실업은 존재하더라도 시장이 저절로 교정하도록 두어야지 정부가 적극적으로 정책을 펴는 것은 곤란하다'는 극단적 시장주의에 맞서 실업을 줄이기 위한 정부의 적극적 정책을 강력히 옹호한 경제학자였다.

힐센라스는 옐런과 에컬로프가 실업자들이 겪는 고통에 대한 이야기를 들으며 경제학에 이끌렸다는 것을 강조한다. 옐런은 소녀 시절 저녁 식사 자리에서 의사였던 아버지가 들려주던 '일자리를 잃은 후 우울증, 알코올 중독, 이혼의 소용돌이에 빠진 환자들의 이야기'를 통해 실업의 고통을 의식했다고 한다. 또 애컬로프는 아버지가 직장을 여러 차례 옮기면서 열두 살이 될 때까지 여섯 번이나 이사를 한 후 직장을 잃는 것에 대해 문제의식을 가졌다고 한다.

　　하지만 옐런이 접한 실업의 고통은 자신이 겪은 것도 아니고 자신의 친구나 이웃의 이야기도 아니다. 옐런의 가족은 큰 부자는 아니었지만 휴가 때는 크루즈 여행을 하고 흑인 가정부를 둘 정도로 넉넉했다. 여러 차례 이직을 한 애컬로프의 아버지는 예일대와 프린스턴대, 정부 연구소에서 근무하던 화학자였고 마지막에 직장 생활을 하지 않을 때조차도 동료들과 정부 자금으로 연구실을 운영했다. 옐런의 어머니는 아이들을 혹독하게 교육시켰고 애컬로프의 어머니는 아들이 대학 시절 수학 공부에 곤란을 겪자 세계 최고의 수학자 중 하나였던 프린스턴대의 살로몬 보흐너로부터 특별 개인 교습을 받게 해줄 정도의 능력의 소유자였다. 옐런과 애컬로프 외에도 이 전기에는 많은 유명 경제학자들이 등장하는데 거의 대부분이 부유하거나 명성 높은 지식인 집안 출신이다. 그런 점에서 어려운 사람들의 처지를 느끼게 해준 훌륭한 가정 교육은 그 자체로 높게 평가할 만하지만, 미국의 지식인들이 대체로 일반 대중의 삶과 상당히 유리되어 있다는 것도 알 수 있다.

## 옐런과 정치

클린턴은 재선에 성공한 후 옐런을 경제자문위원장으로 임명했는데, 힐센라스는 이를 옐런의 커리어에서 '가장 불쾌한 경험 중 하나'라고 규정했다. 이 표현이 옐런 자신의 것인지 힐센라스의 짐작인지는 알 수 없으나, 연준과는 달리 백악관에서 옐런이 힘들어하고 성과를 내지 못한 것은 사실이다.

　　스스로를 '초당파적' 인물로 생각한 옐런은 정치를 최우선에 두어야 하는 백악관 분위기에 적응하기 쉽지 않았다. 중요 현안이었던 기후·환경 문제가 옐런의 주 업무였는데, 경제에 미치는 영향을 고려한 옐런은 이 이슈를 주도하던 앨 고어 부통령에게 너무 공격적으로 움직이지 말 것을 요청했다. 의회에서는 '이 문제는 너무 복잡해서 경제적 상충에 대한 정확한 모델을 세울 수 없다'고 발언했다가 좌우 모두로부터 집중포화를 받기도 했다. 미국이 탄소 배출량을 2010년까지 1990년 수준으로 줄이겠다는 교토의정서에 서명한 후에는 어정쩡한 추정치를 발표해서 다시 한번 양측의 비판을 받았다. 클린턴은 결국 의회의 반대를 뚫지 못할 것이 분명해진 교토의정서 법안을 제출조차 하지 못했다.

　옐런은 정치의 현장에서 주역이 되지 못했다. 당시 클린턴 정부 경제팀은 재무부 장관 밥 루빈, 부장관 래리 서머스, 국가경제위원장* 진 스펄링의 삼각 체제였다. 이들은 1988년 민주당 마이클 두카키스 캠프에서 한 팀이 된 후 1992년 클린턴 캠프에서 대선 승리에 기여한 공신들이었다. 옐런은 자문위원장직을 마친 후 인터뷰에서 이 셋에 대해 '대통령을 가장 잘 아는 사람들은 선거운동 초기부터 함께했던 사람들로, 나는 그런 친밀감을 쌓을 기회가 없었다'고 안타까움을 표하기도 했다.

　사실 대통령 경제자문위원장은 중요한 자리이지만 집행을 담당하는 재무부나 정책 이견을 조정하는 국가경제위원장과는 비교할 수 없다. 또 교토의정서 처리 과정이 늪에 빠진 것은 정치의 문제이기도 하지만 동시에 옐런 자신이 분명한 입장으로 주도하지

---

\* 클린턴 대통령 이후 백악관에 국가경제위원회(National Economic Council)가 설치된다. 이 기관의 디렉터는 국내의 경제수석보좌관과 유사한 기능을 수행하는데, 일반적으로 위원장이라고 번역한다. 여기에서도 그 용례를 따랐지만 기구의 직제상 의장(chair)은 대통령이기 때문에 정확한 번역은 아니다.

못하고 우유부단한 모습을 보였기 때문이기도 하다. 이때의 경험과 반성은 바이든 대통령 당선 이후 재무부 장관직을 수행할 때 자양분이 된 것으로 보인다.

## 옐런과 서머스, 라이벌

이 책에는 옐런과 애컬로프 외에도 많은 인물들이 등장한다. 옐런의 지도교수이자 평생의 멘토였던 제임스 토빈, 연준 부의장 시절의장이었던 벤 버냉키도 자주 나오지만 특히 강조된 것은 래리 서머스이다. 서머스는 하버드대 시절 옐런의 수업을 들은 제자였고학문적 입장도 가까우며 여러 차례 협력을 한 사이이다. 옐런은 연준 의장 재직 당시에 서머스의 '장기 침체(secular stagnation)'론에 공감하여 공화당 의원들의 반대에도 불구하고 저금리 정책을 유지하기도 했다.

하지만 두 사람의 성격은 정반대였다. 어려서부터 최고의 천재 소리를 듣던 서머스는 성격이 급하고 거침없이 발언하는 것으로 유명했다. 기후변화에 대해 옐런과 서머스는 거의 유사한 입장이었다. 하지만 옐런이 절충적 표현으로 양측의 비난을 받은 것에 반해 서머스는 '부유한 국가가 가난한 국가에 환경 오염을 떠넘기는 것이 경제적으로 효율적인 비용 분배 방법'이라고 자극적으로 작성된 문서에 서명했다. 이 이유로 고어 부통령의 미움을 받은 서머스는 클린턴 행정부 1기 때 백악관 입성에 실패하고 국제 금융담당 재무부 차관으로 밀려났다. 그는 이후 재기에 성공해 재무부부장관을 거쳐 장관에 이르렀다.

2014년 연준 의장에서 물러나는 버냉키의 후임으로 옐런과 서머스가 떠올랐다. 오바마 대통령은 2009년 국가경제위원장으로 서머스를 영입하면서, 버냉키가 물러나면 연준 의장에 임명하겠다고 약속한 바 있었다. 오바마가 고심하던 중 일은 엉뚱하게 풀렸다. 민주당의 진보파 상원의원들이 서머스의 거침없는 발언과 금융 규제 완화 입장을 끔찍하게 여겼기 때문이다. 분위기를 읽은 서머스는 결국 후보에서 빼달라는 편지를 오바마에게 보낸다.

　바이든 대통령은 2021년 코로나19 극복을 위해 1조 9천억 달러 규모의 '미국인 구제 계획(American Rescue Plan)'을 발표했다. 이 계획에는 1인당 현금 1,400달러를 지급하는 것이 포함되어 있었다. 대선에서 정치적 이유로 선택된 이 금액에 대해 옐런은 경제적 영향이 충분히 검토되지 않았다고 생각했으나, 이번에도 그녀는 선거 캠프에 참여하지 않은 아웃사이더 출신이었다. 옐런이 참석하지 않은 자리에서 현금 지원 정책이 결정되었는데, 옐런은 이번에는 클린턴 행정부 시절과는 달리 이 정책을 지지하고 인플레이션 우려는 거의 없다고 단언했다.

　하지만 서머스는 다른 길을 갔다. 확장적 재정 정책을 강력히 옹호했던 서머스였지만 이번에는 '너무 많고 너무 빠르다'고 판단했다. 그는 바이든의 정책을 '지난 40년간 시행되었던 거시 재정 정책 중 가장 무책임하다'며 비판의 목소리를 높였다. 바이든의 모험은 빠른 경기 회복과 일자리 창출을 가져왔지만, 2022년 인플레이션이 활활 불타올랐다. 힐센라스는 옐런이 서머스의 주장을 합리적이라고 생각하여 진지하게 받아들였고, 백악관 참모들은 옐런이 정치적으로 부적절한 발언을 할 것을 우려해서 기자들 앞에 거의 세우지 않았다고 주장한다. 이 부분은 출처가 불분명해 정확한 진위를 파악하기는 어렵다.

　다만 바이든과 백악관은 인플레이션에 대한 공화당의 공격에 맞서 우크라이나 전쟁 때문에 인플레이션이 발생했다(Putin Price Hike)고 반격을 폈다. 옐런은 2022년 5월 CNN에 출연해서 인플레이션에 관해 추궁하는 앵커에게 '에너지와 식품 가격을 치솟게 한 충격(즉 우크라이나 전쟁)을 예견하지 못한 잘못이 있었다'고 하면서도 바이든 정부의 재정 정책과의 관련은 인정하지 않고 버텼다.

　　우크라이나를 침략한 러시아에 대한 경제 제재를 두고도 옐런은 고심했다. 러시아에 대한 공세는 필요하지만 러시아 정부가 각국에 예치한 자금을 동결하고 주요 은행을 달러 결제망에서 배제할 경우 미국 국력의 핵심인 기축 통화로서의 달러의 지위가 약화될 위험을 우려한 것이었다. 이번에도 백악관 안보실 스태프들은 엇박자를 냈다. 옐런에게 통보도 하지 않은 채 대통령에게 제재 준비가 완료되었다고 보고했다. 옐런은 검토할 시간이 더 필요하다고 생각했지만 결국 안보실 주장을 그대로 따랐다. 이번에도 결과를 판단하기는 쉽지 않다. 경제 제재 직후 러시아 루블화의 가치는 폭락했지만 러시아는 곧 우회로를 확보했고, 루블화는 반등했다.

　　이 두 사건에서 보듯 옐런은 과거와는 달리 정치적 고려를 무조건 배척하지 않고 상당히 적극적으로 수용하고 있다. 퇴행인지 발전인지는 각자 판단할 일이나 경제의 최고 책임자라는 자리가 정치와 명확히 선을 그을 수 없다는 것은 분명히 알 수 있다.

## 경제와 정치의 접점에서

독자들은 유명인들의 전기나 회고록에서 난관을 이겨 나간 영웅담이나 알려지지 않았던 사건에 대한 폭로를 기대하기 마련이다. 이 책은 그런 모습을 거의 담고 있지 않아 약간은 답답하거나 지루하다는 생각을 할 수도 있다. 이것은 자신을 드러내기 싫어하는 옐런의 성격을 반영한 것으로 보인다. 옐런이 2018년 연준 의장직을 마치자 많은 사람들이 전임자들의 전례에 따라 회고록을 쓸 것이라 예상했고 또 권하기도 했다. 하지만 옐런은 사람들이 관심을 가질 만큼 드라마틱한 삶을 살지 않았다며 회고록 집필에 관심을 보이지 않았다.

옐런이 금융 위기, 팬데믹, 우크라이나 전쟁의 와중에 연준과 재무부에서 내린 결정은 미국과 세계 경제가 파국에 빠지는 것을 막았지만 무시할 수 없는 부작용 또한 초래했다. 그런 점에서 옐런의 경험은 잊혀져서는 안 되는 소중한 자산이다. 힐센라스는 옐런이 대통령 경제자문위원장으로 취임한 1997년부터 《월스트리트 저널》의 경제와 금융 분야 전문 기자이다. 특히 금융 위기와 연준의 대응에 대한 그의 기사는 퓰리처상 최종 후보로 오를 만큼 전문성을 인정받고 있다. 힐센라스의 치밀한 취재를 통해 우리는 옐런의 삶과 경험을 중심으로 지난 30년간 미국 경제 정책이 백악관, 재무부 그리고 중앙은행에서 어떻게 논의되고 형성되고 또 왜곡되었는지를 접할 수 있게 되었다. 비록 옐런 스스로의 목소리는 아니지만 이 책은 경제와 정치의 접점을 고민하는 독자들에게는 더할 나위 없이 유익한 자료이다. **서리북**

신현호

경제 평론가. 《한겨레》, 《조선일보》 등에 경제에 관한 칼럼을 연재 중이다. 국회, 행정부, 컨설팅 기업, 대학 연구소에서 30년간 이코노미스트로 활동했다. 지은 책으로 『나는 감이 아니라 데이터로 말한다』가 있다.

📖 미국 건국 초기의 알렉산더 해밀턴과 앨버트 갤러틴은
역대 최고의 재무부 장관으로 꼽히는 인물들이다. 미국
재무부 건물은 해밀턴 빌딩이라 명명되었고 건물 앞뒤로
해밀턴과 갤러틴 단 두 명의 동상만이 세워져 있다.
퓰리처상을 수상한 저명한 경제사학자인 저자는 두 재무부
장관의 개인적 삶과 그들이 경제 정책에서 거둔 성과를
한 권의 책에 담고 있다.

"해밀턴과 갤러틴은 미국의 미래에 대해서도, 미국의
미래를 풍족하게 채울 방안에 대해서도 견해가 부분적으로
달랐으며, 그랬기에 두 사람은 정치적으로 경쟁하던
사이였다. 두 사람이 재무부를 떠난 지 200년이 지났고,
그동안 두 사람이 가지고 있던 서로 다른 견해는 치열하게
경쟁하면서 지금까지 이어져 왔다. (……) 두 사람의 견해는
공공 부문과 민간 부문의 적절한 역할, 적절한 과세 수준
그리고 국가 부채의 성격을 놓고 지금도 여전히 격돌하고
있다."—책 속에서

『미국 금융의 탄생』
토머스 K. 맥크로 지음
이경식 옮김
Human & Books, 2013

📖 연준에서 옐런이 부의장이었던 시절 버냉키는
의장이었고, 옐런은 버냉키의 뒤를 이어 의장에 취임했다.
옐런과 버냉키는 각각 민주당과 공화당 소속으로
정치적으로는 완전히 상반된 배경을 갖고 있다. 하지만
두 사람은 모두 뛰어난 경제학자 출신이었고 연준의 올바른
정책 수립을 위해 당파성을 뒤로할 줄 하는 인물이었다.
2007년 금융 위기 이후 연준이 비전통적 통화 정책을
밀어붙이는 데 두 사람의 신뢰와 협력은 결정적이었다.
그리고 옐런과 버냉키는 모두 정치를 가장 힘들어했다.

"비록 우리가 행동하더라도, 우리에게 고맙다고 할 사람은
없을 것이다. (……) 국가의 장기적인 이익을 위해서
정치적으로 인기 없는 결정을 내리는 것이 연방준비제도가
정치적으로 독립된 중앙은행으로 존재하는 이유이다.
이 기관은 정확히 이 목적, 즉 다른 사람들이 행동할
능력이나 의지가 없는 일을 어쩔 수 없이 행하기 위해서
창설되었다."—책 속에서

『행동하는 용기』
벤 S. 버냉키 지음
안세민 옮김
까치, 2015

문학

서울
리뷰 오브
북스

# 비행 공포

부희령

비행기를 탈 때마다 심한 불안을 느낀다. 호흡곤란이 오거나 기절한 적은 없다. 비행공포증까지는 아니고 싶은데, 새삼 '비행'이라는 단어를 떠올리니, 심장에 성에가 끼는 것 같다.

여러 해 전 유럽의 변두리인 작은 나라에서 석 달 남짓 머무를 기회가 있었다. 슬로베니아 사람들은 자기 나라를 그렇게 묘사하는 걸 싫어할지도 모르겠다. 큰 기대 없이 문화예술위원회의 해외 레지던스 공모에 지원했다가 덜컥 선정된 것인데, 열세 시간 이상을 날아가야 한다고 했다. 엄두가 나지 않았다. 포기할까 망설이는 나에게 주위 사람들이 조언했다. 처방을 받아 안정제를 복용해라. 영화를 보거나 음악을 들어라.

출국하는 날 책 두 권을 넣은 가방을 들고 비행기에 올라탔다. 불안은 수백만 톤에 달하는 기계가 허공에 떠 있음을 한순간도 잊을 수 없는 데서 비롯한다. 그러니 현재 상황을 의식하지 않으면 문제가 해결된다. 이제껏 살아오면서 주위를 완전히 잊은 경험은 책에 몰입했을 때뿐이었다. 생각이 이 지점에 이르렀을 때 스스로 의아했다. 영화가 아니고 책? 그렇다. 영화가 아니라 책.

당신을 떠올린 것은 비행기가 이륙하고 얼마 지나지 않아서였다.

처음에 가방 속에서 꺼내 든 책은 일본 작가의 추리소설이었다. 등장인물들의 이름이 헷갈려 집중하기 어려웠다. 요스케와 유키호와 후미요를 구별하지 못해 앞뒤 페이지를 여러 번 오고 갔다. 포기하고 다른 책을 꺼냈다. 『말테의 수기』였다. 겉표지는 사라지고 누렇게 빛바랜 하드커버만 남은 책. 손 닿는 대로 아무 데나 펼쳐서 읽기 시작했다. 한두 페이지를 넘겼을까. '아벨로네는 늘 우리와 같이 있었는데, 사람들은 그녀를 마음대로 부려 먹었다. 그러나 어느 날 나는 갑자기 궁금해졌다. 아벨로네는 왜 있는 걸까?' 당신은 문장의 그림자로 홀연 머릿속에 나타났다.

어린아이와 청소년의 경계를 넘어가던 시절이었다. 혈육도 친구도 아니었으나 한동안 당신과 나는 같은 방을 썼다. 알고 싶지 않아도 나는 알고 있었다. 밤이면 당신이 탁상 등을 켜고 책을 읽는다는 것, 바닥에 엎드려 대학 노트에 무엇인가를 끄적인다는 것, 어둠 속에서 라디오를 듣는다는 것을. 당신이 청소, 설거지, 빨래로 바쁜 낮 동안에는 내가 『별들의 고향』이나 『갈 수 없는 나라』 같은 책들을 읽었다. 어디서 왔는지 모를 그들은 당신에게 속한 것이었다. 내가 읽는다는 것을 당신은 알고 있었다. 우리는 방과 책을 공유했다.

비행기가 요동치기 시작했다. 흔들리는 글자들을 놓치지 않으려 애썼으나, 흩어지는 의미를 붙잡지 못했다. 책에서 눈을 떼지 않고 있음에도 승무원이 물컵을 들고 비틀거리며 통로를 오고 가는 것을 나는 의식하고 있었다. 역시 안정제를 처방받아야 했나. 비행기가 다시 심하게 흔들렸다. 나도 모르게 들고 있던 책을 움켜잡았다.

그날 밤 나는 어찌할 바를 몰랐다. 당신이 이불 위에서 뒹굴고 밤새 토하던 날. 머뭇거리며 잡은 당신의 손을 놓지 못했다. 아프지 않은 내 상태가 전염되기를 바랐지만, 당신의 고통이 나에게 옮겨 올 것 같아 불안하기도 했다. 꼭 그래야 한다면 아주 조금만, 하고 생각했다. 나중에 어머니를 깨웠는지 당신이 약을 먹었는지 기억나지 않는다. 더 이상 게울 것 없이 탈진한 뒤에도 이따금 통증이 밀려오는 듯 식은땀을 흘리던 당신 얼굴만 또렷하다.

예상과 달리 책은 불안의 해결책이 되지 못했다. 왜『말테의 수기』였을까. 이미 과거의 유령이 된 책이기도 했지만, 하필이면 몰락한 덴마크 귀족이 하강의 아찔한 속도를 체감하는 이야기이기도 했다. 나는 벽 너머에 있는 사람의 눈꺼풀이 내려앉지 않도록 자신의 의지를 이용해 주길 부탁하던 말테를 이해한다. 나의 바람이 당신의 고통을 덜어 주지 못했듯 말테의 의지도 당연히 별로 도움이 되지 못했다.

언제부터인가 우리는 책을 공유하지 않게 되었다. 당신이 글자보다 가수와 배우 사진이 더 많은 잡지를 뒤적일 때 나는 덧창문, 가문의 문장, 회랑, 무도회 카드, 소금에 절인 라임 같은 뜻 모를 단어와 이름들 속으로 허겁지겁 빠져들었다. 당신과 함께 어른의 책을 경험한 나는 학급 문고에 꽂혀 있는 해맑은 책들로 돌아갈 수 없었다. 언니들이나 아버지의 책장을 뒤지거나 버스를 타고 나가 시내 서점을 헤맸다.

고통스러워하는 당신 곁에서 잠든 밤이 마지막이었다. 어머니는 당신이 병원에 입원했고, 맹장 수술을 받았다고 했다. 수술이 잘 끝났다는 말을 들었으나 당신은 돌아오지 않았다. 서서히 나는 당신이 왜 있어야 하는지 알게 되었다. 당신이 없어야 하는 이유는 아직도 알지 못한다. 몇 년의 세월이 흐른 뒤 집에 들른 먼 친척이 송탄에서 우연히 당신을 보았다고 말했다.

어딘가에 송탄이라는 도시가 있다는 것을 알게 되었을 무렵 『말테의 수기』가 나타났다. 펼쳐진 채 식탁 위에 방치되어 있었거나 어느 책장에 꽂혀 있었을 것이다. 책이 나에게 온 뒤로 여러 번, 아마도 수십 번쯤 읽었다. 이해하지만, 이해하지 못해서. 의사가 자신을 일반 진찰 시간에 호출하여 직공, 하녀들, 마부와 함께 기다리게 한 것을 당혹스러워하는 말테를 이해하지만, 이해하지 못했다. 죽은 뒤에도 살아 있는 사람들에게 목격되고, 죽음조차 전설이 되는 신분의 개성을 이해하지만, 이해하지 못했다.

책이 불안을 다루기에 적절한 처방이 아니라는 건 이미 예상했는지도 모른다. 어둠을 마주하기 싫어서 머리끝까지 덮어쓰던 이불의 역할은 오래전부터 유효하지 않았으니까. 실제로 나는 한동안 책을 멀리했다. 무엇보다도 타인의 목소리를 내 목소리로 착각하는 일에 진저리가 났다. 멀어지고 보니 책은 기이한 물건이었다. 전도된 가치를 전도한다고 할까. 책과는 달리 진짜 세상에서는 논리적 연결이나 개연성보다 우연의 힘이 강력했다. 현실보다 늘 한 걸음 뒤에 물러나 있음에도, 혹은 그렇기 때문에 책은 세상의 무의미함이 번성하는 데 은밀히 기여하는 듯했다.

소금과 생선을 팔던 작은 도시국가 베네치아는 노예 무역으로 막대한 부를 축적하면서 해양 무역의 중심지로 성장했다. 말테는 이곳에서 마주친 덴마크 여인이 이탈리아어와 독일어로 노래를 부를 때 슬픔과 수치심을 느꼈다. 무엇을 슬퍼하고 수치스러워하는지 나는 전혀 이해하지 못했다. 고향의 여인이 외국 관광객 앞에서 노래해서? 덴마크 사람이 이탈리아어와 독일어로 노래해서? 내가 모르는 또 다른 이유가 있나?

슬로베니아에서 베네치아까지 짧은 여행을 결정한 것은 류블랴나에서 버스로 네 시간밖에 안 걸리기 때문이었다. 베네치아는 과연 온 세상 아름다움의 기준이라는 명성에 부족하지 않았다. 수로에 가까이 가면 한여름의 하수도 냄새가 진동하고 온종일 가장 많이 본 것은 거리를 가득 메운 관광객의 뒤통수뿐이었어도, 돌계단에 걸터앉아 종이 접시에 담긴 파스타를 먹다가 "네 나라로 돌아가! 여기는 너희들이 피크닉 오는 곳이 아니야"라는 냉담한 고함을 들었어도. 깃털 펜과 가죽 가면과 섬세한 공예품이 진열된 상점 유리창 안에서 은세공 손거울을 발견했다. 거울에 비친 아시아인의 얼굴에는 먹물 파스타의 소스가 거무스름하게 묻어 있었다. 카인의 징표처럼.

나는 당신이 대학 노트를 어디에 숨겨 두는지 알고 있었다. 이불장 구석에 놓인 회색 보따리 아래였다. 공책 세 권에 일기와 편지,

알파벳 연습과 짧은 영어 문장들이 뒤섞여 적혀 있었다. 어린아이는 무지해서 잔인하다. 단지 호기심으로 남의 일기를 몰래 읽을 수 있다. 당신의 일기는 날마다 비슷했다. 어린 시절에 세상을 떠난 아버지에 대한 그리움과 월급날에 맞춰 찾아오는 어머니에 대한 증오를 쓰고 있었다. 나는 당신 어머니의 얼굴을 보았다. 흐릿한 빛깔의 한복을 입고 대문 앞에 서 있던 모습이 떠오른다. 당신이 발을 구르고 울며 소리쳐도 끝내 변하지 않던 단단한 표정도.

무지하지 않은 어른은 더 잔인하다. 쓸 만한 무엇이든 쓰고자 하는 욕망이 기억의 밑바닥에서 당신을 끄집어내고야 말았다. 문학이든 아니든 나를 사로잡은 모든 책이 가리키는 길을 따라가 보면 마지막에 가로막는 것은 고통받는 인간의 얼굴이었다. 누구의 것이라 해도 전시해서는 안 되고 그럴 수도 없는 것임에도. 스스로 지은 업이 언젠가 돌아오리라는 각오를 해야 할 테다. 옷장도 아닌 이불장 구석에 숨겨져 있던 회색 보따리 속에는 열일곱 소녀의 몇 벌 안 되는 옷가지가 들어 있었다. 그것을 아무렇지도 않게 훔쳐보던 아이의 마음이 이제야 타는 듯이 뜨겁다.

비행기를 타기 전에 늘 찾아보는 정보가 있다. 유선형의 날개를 따라 아래 위로 흐르는 공기의 속도 차이가 압력의 차이를 발생시켜 비행기가 뜬다는 것. 더불어 작용-반작용 법칙도 유효하다. 그러나 그것만으로는 비행기가 왜 뜨는지 설명할 수 없단다. 100만 달러의 상금이 걸린 나비에-스토크스 방정식을 풀어야 한다나 뭐라나. 나사(NASA)에서조차 각기 다른 날개의 단면 모형을 시뮬레이션해서 양력을 측정한다니, 아무려나 요점은 비행기가 뜨는 이유를 정확하게 아는 사람은 아직 아무도 없다는 사실이다. 아무것도 모른다는 불안과 전혀 모르는 곳으로 가고자 하는 욕망의 혼란스러운 작용과 반작용으로 나는 허공을 날아간 셈이다.

베네치아에서 마주친 덴마크 여인이 고향의 언어로 말테에게 속삭였다. "노래하라고 해서도 아니고, 그냥 보여 주기 위해서도 아니고, 지금 여기서 노래하지 않을 수 없기 때문이에요."

굳이 변명 삼아 당신에게 남긴다. **서리북**

부희령
2001년 《경향신문》 신춘문예에 당선되어 소설을 쓰기 시작했다. 번역과 칼럼 쓰는 일을 주로 했다. 펴낸 책으로는 『구름해석전문가』 등이 있다.

# 판타지 세계를 사랑하고 있습니다

심완선

어머니는 내가 유치원에서 항상 마지막에 나오는 아이였다고 이야기한 적이 있다. 나는 그림책을 붙잡고 느릿느릿 움직이고는 했다. 자유 시간이 주어지면 늘 책을 읽고 있었던 것 같다. 다 읽지 못한 책의 내용이 꿈에 나올 때도 있었다. 다음 날 등원하면 선생님께 꾸벅 인사하고 앉아서 다시 책을 읽었다. 지금 생각해 보면 유치원 서가에 책이 그리 많지도 않았을 텐데, 읽을거리가 부족하다고 느낀 적이 없다.

그림책보다 두꺼운 책을 읽게 된 후로는 울고 싶은 일이 생기면 소설로 도망쳤다. 책에는 나의 상황과 전혀 상관없는 사람들이 살았다. 핍진함을 피해 자랐다고 할 수도 있겠다. 가난, 전쟁, 민주화를 말하는 문학은 교과서에 있었다. 집에 돌아가면 판타지 소설, 만화책, 컴퓨터 게임이 있었다. 나는 당시의 한국 판타지 소설 덕분에 '던전 앤 드래곤'*에 기반한 마법 주문 이름을 줄줄 외웠다. 해외 미스터리 소설도 잔뜩 읽었다. 그것으로 19세기 영국과 20세기 미

---

* 'Dungeons & Dragons', 약칭 D&D. 1974년 세계 최초로 제작된 테이블탑 롤플레잉 게임으로, 각종 게임에 다양한 영향을 끼쳤다.

국의 에티켓을 배웠다. 숙녀 앞에서 '제기랄!'이라고 말하면 사과하고 양해를 구해야 했다. 여성이 기절하면 긴 의자에 눕히고 브랜디 냄새를 맡게 하면 되었다. 돌잡이에서 집는 물건이 아이의 인생을 말해 준다고 하던데. 부모님이 처음으로 책을 사주겠다고 했을 때 내가 서점에서 고른 책은 미즈노 료의 『로도스 전설』*과 엘러리 퀸의 『로마 모자 미스터리』였다. 그래서인지 나는 리얼리즘 세계에는 얼마 머물지 못하고 재빨리 먼 곳으로 떠났다. 한국 판타지와 해외 미스터리에 더해 고전적인 환상 문학을 곁들이고, 약간의 무협 및 로맨스, 대량의 SF와 웹소설을 읽는 쪽으로.

얼마 전에는 '내 인생을 바꾼 한 권의 책'에 관해 짧은 글을 써 달라는 청탁을 받았다. 나는 바로 헤르만 헤세의 『유리알 유희』를 고르겠다고 대답했다. 어릴 때는 몰랐지만 『유리알 유희』는 내가 처음으로 읽은 SF였다. 헤세는 이 소설을, 미래의 기록을 더욱 먼 미래에 발견했다는 설정으로 썼다. 미래의 사람들은 문화를 파괴하는 거대한 전쟁을 겪는다. 그리고 문화를 지키기 위해 교육을 위한 특별자치주 '카스탈리엔'을 설립한다. 카스탈리엔에서는 바깥과 달리 경제 활동이 필요치 않다. 그곳 사람들은 오로지 학문과 예술을 연마하는 데 힘쓴다. 특히나 '유리알 유희'는 카스탈리엔의 기예들 중에서도 정수에 가깝다. 유리알 하나하나는 바둑의 수, 악보의 음표, 스테인드글라스의 색처럼 아름답고 정교한 의미를 담는다. 그것은 매우 복잡하게 짜이는 만큼, 의미를 이해하는 사람에게는 감

---

* 한때 『마계마인전』이라는 제목으로 출간되었던 『로도스도 전기』의 외전이다.

탄스러운 기예로 보이지만 문외한에게는 헛된 유희에 불과하다.

　주인공 요제프 크네히트가 유리알 유희의 최고 명인이 되는 동안, 바깥에서는 카스탈리엔에 대한 의문이 제기된다. 카스탈리엔을 유치하는 일은 사치에 불과하다는 내용이다. 카스탈리엔이 바깥과 단절되는 쪽으로 나아갈수록 사람들은 그곳의 존재 의의를 모르게 된다. 그리고 전쟁이 또 일어난다면 카스탈리엔을 위한 예산은 사라질 것이다. 유리알 유희 역시 덧없이 사라질 것이 자명하다. 이를 깨달은 노년의 크네히트는 카스탈리엔을 떠나 바깥에서 다른 아이를 가르치기로 한다. 그때가 그의 마지막이다. 나는『유리알 유희』에 관해 이렇게 썼다. "유리알의 이미지는 나를 붙들었다. 닻이 배를 고정하듯, 병이 몸을 잠식하듯, 이처럼 무용하고도 가치로운 것의 존재가 내게 새겨졌다. 그래서 나는 비로소 말하게 되었다. 사랑할 만한 것을 사랑하고 있다고."* 남들에게는 쓸모없어 보일지도 모르는 유희를, 비현실에서 자라나는 이야기를 나는 사랑한다고. 그것은 사랑할 만하다고.

　사실 '사랑할 만하다'라는 말을 하기까지는 시간이 꽤 걸렸다. 그것은 천천히 다져야 하는 말이었다. 최근까지 아주 오랫동안, 장르 문학을 좋아하는 일은 자랑거리가 아니었다. 그동안 '너 그런 거 봐?'라는 말을 얼마나 들었는지. 한국 문학을 좁게 정의할 때 나는 언제나 바깥에 있는 독자였다. 분명히 한국어로 된 소설이라도 '그런 거'는 한국 문학으로 통하지 않았다. '중심'에 있는 순문학, 본격

---

* 심완선 외, 「때론 책이 인생을 바꾼다… 새해, 이정표를 만날 수 있을까」,《조선일보》, 2024년 1월 6일 자.

문학, 문단 문학, 리얼리즘 문학과 언제나 구별이 되었다. 아미타브 고시는 문학계에 암묵적으로 존재하는 위계를 언급한다. "실생활에서는 '오직 조금만(only slightly)' 있을 법하지 않은 사건—가령 오래 잊고 지내던 어릴 적 친구와의 우연한 만남—을 소설에서 보게 되면 그 사건은 '너무나(widly)' 있을 법하지 않은 일로 여겨진다. (……) 이러한 사건을 소설에 끌어들이는 것은 기실 순수 소설이 오랫동안 기거해 온 대저택으로부터 축출되길 애써 자처하는 꼴이다. 다시 말해, 대저택을 에워싸고 있는 한층 초라한 주택들로 추방당하는 처분을 감수하는 일이다. 그 변두리 주택들은 과거에 '고딕 소설', '연애 소설', '멜로드라마' 같은 이름으로 알려져 있었으며, 오늘날에는 '공상 소설', '괴기 소설', '공상과학 소설'로 불리게 되었다."*

　글쎄, 이제 비유할 말을 고른다면 나는 초라한 변두리 주택보다는 아파트를 제안한다. 대저택 같은 역사와 위엄은 없을지라도 아파트는 전혀 다른 방식으로 안락하고 아름다운 주거 공간이 될 수 있다. 내가 보기에 이들 사이에는 우열이 없다. 건축 양식이 다를 뿐이다. 오히려 나는 아파트 생활자로서 후자를 선호한다. 게다가 현대 사회에서 도심에 들어서는 쪽은 아파트 아니던가? 리얼리즘이야말로 "구식 방법론과 제한된 주제" 탓에 "현대 경험의 복잡성을 그려 낼 수가 없"**다고 해봐도 되지 않을까? 이건 너무 우쭐대는 (혹은 열등감 서린) 말일까? 물론 비유는 언제나 현실을 왜곡한다.

---

* 아미타브 고시, 김홍옥 옮김, 『대혼란의 시대』(에코리브르, 2021), 37-38쪽.
** 어슐러 K. 르 귄, 이수현 옮김, 『찾을 수 있다면 어떻게든 읽을 겁니다』(황금가지, 2021), 39쪽. 여기서 르 귄은 SF 및 판타지 작가로서 자신이 들었던 말을 반대로 패러디한다.

하지만 그럼에도 좋은 비유가 필요한 이유는, 왜곡을 대가로 관점을 바꿔 볼 수 있기 때문이다.

　인테리어 측면에서도 아파트 비유는 적절하다. 아파트는 밖에서 보기에는 비슷비슷해 보여도 꾸미는 사람에 따라 내부가 제각각 다르다. 같은 바탕을 활용하되 개성을 곁들이는 점이 아파트 인테리어의 묘미다. 장르 문학도 같은 장르끼리는 한데 묶일 만큼 뚜렷한 유사성을 보인다. 작품과 작품, 작가와 독자는 해당 장르 내에서 사용되는 주제, 기법, 기호 등을 미리 공유한다. "작가와 독자가 주로 사용하는 기호들이 고정되어서 특정한 법칙과 관습을"* 이룬 것이 장르다. 해당 장르에 익숙한 독자는 작품 속에서 무엇이 '장르적'인지, 다시 말해 무엇이 이미 관습적으로 공유되는 것인지 금방 알아챈다. 그렇기에 장르 독자는 무엇이 참신하고 탁월한지도 곧잘 알아챈다. 이 안에서는 유사성만큼 차별성도 두드러진다. 좋은 장르 문학은 관습에 충실하되 개성 있는 변주를 더한다. 장르별로 작품을 읽는 데 친숙한 나에게 있어 책은 언제나 거대한 숲의 일부로 존재한다. 맥락과 흐름 사이에서, 범주를 확장하고 새로운 관습을 형성하며. 장르가 살아 있는 한 장르 문학은 읽을수록 뻔하지 않고, 질리지 않는다.

　읽을수록 잘 보인다는 점은 장르에 입문하려는 독자에게 진입 장벽으로 작용하기도 한다. 예를 들어 웹소설은 모방과 반복이라는 성격이 극도로 심화된 분야다. "웹소설 독자들은 한 작품을 읽을

---

* 이융희,『웹소설 보는 법』(유유, 2023), 24쪽.

때 이전에 다른 작품을 읽으며 쌓은 수많은 데이터베이스를 떠올리고, 그 안에서 미세하게 조절된 의미망을 분별하며 또 다른 재미를 느"*끼는 데 매우 익숙하다. 플랫폼과 결제 형식상 웹소설은 연재물다운 속도감을 갖추고 독자를 붙들어야 한다. 그래서 웹소설은 독자가 지루할 요소를 최대한 덜어낸다. 설명을 극히 생략하고, 관습과 기호를 고도로 활용한다. 예를 들어 '상태창'이 무엇인지, 그게 어떤 메커니즘으로 나타나는지 설명하는 작품은 이제 없다. 독자들이 이미 상태창의 활용법에 익숙하리라 전제하기 때문이다.

현재 대개의 웹소설은 입문자라면 개연성이 부족하다고 여길 정도로 불친절하다. 기존의 관습과 기호에 의존하며 균질화되는 경향도 강하다. "웹소설 독자는 장르 내부의 변주와 확장에는 무심하기 쉽다. 자신이 원하는 조합은 이미 정해져 있고, 그것으로 욕망을 바로 해소할 수 있기 때문이다. 이러한 코드 조합은 너무나 빨리 바뀌는 탓에 빠르게 낡는다."** 덧셈·뺄셈에 불과한 조합은 당장의 수요는 충족하더라도 장기적인 관점에서는 장르를 발전시키지 않는다. 도리어 장르를 읽을수록 뻔하고 질리는 방향으로, 고착되어 죽어가는 방향으로 이끈다. 지나치게 고립된 언어는 오래 존속되지 않는다.

그래도 여전히 나는 '사랑한다'에 이어 '사랑할 만하다'라는 말

---

* 같은 책, 11쪽.
** 심완선, 「장르 문학의 '마음의 진실'을 읽는 새로운 시선」, 한국문학번역원 한국 문학 범주 확대 전문가 세미나(1차) '문학의 경계와 확장: 장르 문학과 웹소설의 경계에 관한 모색' 발표문.

을 한다. 돌이켜보면 내 사랑이 튼튼해진 건 장르의 언어를 공유하는 다른 사람들 덕분이었다. 앞서 보았듯 모방과 반복의 뒷면에는 그렇게 통용되는 기호를 공유하는 집단이 있다. 장르가 뚜렷하게 확립될수록 장르 문학 읽기는 혼자만의 행위가 아니다. 그것은 때때로 다른 이들과 함께하는 놀이의 성격을 띤다. 한국 판타지가 개인 웹사이트 등에 연재되던 시절에는 게시판에 설정집을 공유하거나 릴레이 소설을 쓰는 일이 유행했다. 무슨 작품이 왜 좋은지 열띤 대화가 오갔다. 나는 그런 분위기에서 자란 덕분에 지금은 SF 팬으로서 다방면으로 SF 이야기를 하고, 웹소설 독자로서 웹소설 리뷰와 큐레이션을 연재한다. 장르 안에서 무엇이 참신하고 탁월한지 계속해서 조명하고자 한다. 신규 독자를 위해 장르의 문법을 설명하는 동시에, 나처럼 새로운 변주를 원하는 사람들을 응원한다. 그럼으로써 내가 사랑하는 숲이 다른 사람들도 사랑할 만한 것으로 생생하게 살아 있기를 바란다. 카스탈리엔의 유리알 유희가 문화의 쓸모를 논하는 사람들에 맞서 섬세하게 지켜야 할 기예였듯이, 여기에도 가치가 있다고, 한 사람이라도 많이 사랑하게 되면 좋겠다고.

**서리북**

심완선

SF 평론가. 책과 글쓰기와 장르 문학에 관한 글을 쓴다. SF의 재미와 함께, 인간의 존엄성 및 사회적 평등과 문학의 연결 고리에 관심이 있다. 『SF와 함께라면 어디든』, 『우리는 SF를 좋아해』, 『SF는 정말 끝내주는데』를 썼고, 『취미가』, 『SF 거장과 걸작의 연대기』를 함께 썼다.

# 지금
# 읽고 있습니다

[편집자] 〈지금 읽고 있습니다〉에서는 전국의
동네책방 책방지기들이 '지금 읽고 있는 책'을
소개한다.
참여해 주신 강동훈, 김경서, 마르타, 문주현,
박선형, 양상규, 윤태원, 임인자 님께
감사의 말을 전한다.

『읽을, 거리』 김민정
지음, 난다, 2024

'읽을 것들'로 넘쳐나는
시대에 제대로 된
'읽을, 거리'를 만나는
즐거움을 어찌 말로
표현할 수 있겠는가.
시인 듯 산문인 듯
경계를 오가다 보면
당신의 한 달이 꽉
채워져 있을 것이다.

크레타
대표 강동훈
(부산 부산진구)

『해가 왔다』
전미화 지음·그림,
사계절, 2024

꿈을 꾼다는 것은
얼마나 용기가 필요한
일인지요. 희망은
현실적으로 이루어지기
어려운 것을 알면서도
의지적으로 만들어
낸 것이죠. 무언가를
이루어 내는 힘은
어쩌면 희망하는 그
시작점에 있는지도
몰라요. 꿈꾸고 바라는
일들은 분명히 이루어
질 거예요, 여러분.
이 아이처럼 용기를
낸다면요!

마음독립서점
책방지기 마르타
(대전 유성구)

『사람을 목격한 사람』
고병권 지음, 사계절,
2023

고통과 빈곤, 죽음
앞에 놓인 아래 계급
사람들의 이야기를
책으로 묶었다. 아주
단단하게 동여맨 책은
억압과 폭력 앞에 놓인
사람 곁에서 '사건'과
'삶'을 목격한다. 작가의
말이 오랫동안 남는다.
"삶의 의지를 강하게
불태웠던 사람들의
이야기다."

책방토닥토닥
2호기 문주현
(전북 전주시)

『그래도 우리의 나날』
시바타 쇼 지음, 권남희
옮김, 문학동네, 2018

이 책을 처음
읽었을 때는 죽음에
대해 생각했고, 두
번째 읽었을 때는
산다는 것에 대해
생각했습니다. 어찌
보면 행복과 불행은
문제가 아닐지도
모릅니다. 우리들은
살아 있다는 사실에
만족해야 합니다.

어서어서
대표 양상규
(경북 경주시)

『우리가 작별 인사를 할 때마다』
마거릿 렌클 지음, 빌리 렌클 그림, 최정수 옮김, 을유문화사, 2023

우리가 작별 인사를 할 때마다 우리는 달라진다. 그렇기에 우리는 이 작별의 무게를 직시해야 한다고 저자는 말한다. 다양한 생명들의 삶과 죽음, 가족의 삶과 죽음을 교차하면서 자연에 순응하는 모습을 담담하게 담아낸 이야기가 더없이 특별하다.

번역가의 서재
대표 박선형
(서울 마포구)

『미래의 조각: 2024년 제69회 현대문학상 수상 소설집』
정영수 외 지음, 현대문학, 2023

우리의 현실은 문학이다. 인스타그램이나 유튜브가 아니다. 저 멀리 어딘가로 나아가기 위해서는 지금 내가 어디에서 어떤 모습으로 서 있는지를 분명히 알아야 한다. 그러니 문학을 읽어야 하겠지만…… 요즘 세상에 책을, 그것도 문학책을 읽는 사람은 몇 없지.

인디문학1호점
서점원 윤태원
(강원 영월군)

『휘말린 날들』
서보경 지음, 반비, 2023

살다 보면 아무도 악의가 없는데 모두가 고통받을 때가 있다. 에이즈가 그렇다. 사랑은 오염이, 오염은 가해가 되는 낙인이 따라온다. 이 책은 낙인에 맞서 먼저 '휘말린' 사람들이 어떤 용기를 내어 왔는지 이야기한다.

책방꼴
꼴키퍼 김경서
(서울 마포구)

『크래시』
김남시 외 지음, 미디어버스, 2023

현재의 시간, 도래하는 시간을 사유하는 회화, 사진, 영화 등 작품을 통해 날카롭게 들여다본다. 크래시(충돌) 가운데 우리는 무엇을 감각할 것인가.

소년의서
대표 임인자
(광주 동구)

# 신간 책꽂이

이 계절의 책
2024년 봄

[편집자] 〈신간 책꽂이〉에는 최근 발간된 신간 가운데 눈에 띄는 책을 골라 추천 이유와 함께 소개한다. 이 책들의 선정과 소개에 도움을 주신 분들은 다음과 같다.

김경영(알라딘 인문 담당 MD)
김수현(교보문고 인문 담당 MD)
손민규(예스24 인문 담당 MD)
이현진(와우컬처랩 대표)
한채원(이것은 서점이 아니다 책방지기)
(가나다순)

『외로움의 습격』 김만권 지음, 헤다

모두가 외롭지만 가난할수록 더 외롭다. 대체 왜 이런 세상이 되어 버린 걸까. 『새로운 가난이 온다』의 저자 김만권이 디지털과 능력주의가 불러온 가난과 고독을 분석했다.(손민규)

『우리는 미국을 모른다』 김동현 지음, 부키

약해졌다고는 해도 여전히 세계 최강대국은 미국이다. 미국은 대한민국의 변치 않는 혈맹일까? 아니다. 미국이 원하는 대한민국의 역할을 다하지 않으면 관계는 언제든 흔들릴 수 있다.(손민규)

『옥스퍼드 초엘리트』 사이먼 쿠퍼 지음, 김양욱·최형우 옮김, 글항아리

옥스퍼드에서 형성된 친구, 경쟁자, 동료 관계를 통해 현대 정치를 밝히는 책. 대학 시절 이들의 정치 경험을 국가 정치로 이어가며 현대 영국을 형성시키는 과정을 확인할 수 있다.(이현진)

『환자명: 대한민국』 송하늘 지음, 지음미디어

인구 감소, 정치 양극화, 빈부 격차, 젠더 갈등, 지방 소멸. 대한민국은 아프다. 원인은 경제다. 경제적 해법을 제시한 책. 어렵지만 가능하다. 단, 시간은 얼마 남지 않았다.(손민규)

『축소되는 세계』 앨런 말라흐 지음, 김현정 옮김,
사이

전 세계가 인구 감소 대책이 딱히 없는 상황.
지속하는 성장에 익숙했던 인류는 축소하는
사회를 준비해야 한다. 주택 공급, 교육,
경제성장 등 곧 도래할 낯선 미래를 보여 주는
책.(손민규)

『커먼즈란 무엇인가』 한디디 지음, 빨간소금

커먼즈의 개념과 운동을 종합적으로
소개하는 책. 모든 입문서가 이 책과 같으면
좋겠다. 다정하고 친절한데 동시에 촘촘하고
빼곡하다.(김경영)

『비바레리눙 고원』 매기 팩슨 지음, 김하현 옮김,
생각의힘

자극과 폭력, 혐오가 흥건한 시대에 저자는
선함을 연구하기 위해 비바레리눙 고원으로
떠났다. 좌절된 희망을, 우리는 또 별수 없이
인간에게서 찾는다. 참신한 주제, 놀라운
이야기.(김경영)

『본 헌터』 고경태 지음, 한겨레출판

30년 베테랑 기자의 유골 추적기. 학살당한
민간인과 집념의 인류학자의 이야기가 교차되며
이어지는 논픽션이다. 미스터리 소설 같은
구성이 몰입도를 높인다.(김경영)

『1945년 해방 직후사』 정병준 지음, 돌베개

이 책은 역사적 사건을 생생하게 재현하며
그러한 사건들 속에 다양한 인물들의 역할과
갈등을 묘사한다. 또한 해방 공간 속에 어떤
힘들이 서로 교차해 '현대 한국의 원형'이
만들어졌는지 보여 준다.(이현진)

『컬처, 문화로 쓴 세계사』 마틴 푸크너 지음,
허진 옮김, 어크로스

문화란 무엇인가. 어떻게 형성되고,
작용하며, 살아남거나 잊혀지는가. 역사
속 굵직한 장면들을 통해 문화의 의미를
돌아보는 책. 두껍지만 술술 읽히는 이야기로
가득하다.(김수현)

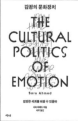

**『중독의 역사』칼 에릭 피셔 지음, 조행복 옮김, 열린책들**

그 자신이 약물 중독이었던 정신과 의사인 저자가 중독이란 무엇인지에 관해 샅샅이 파헤친다. 의학, 문학, 과학, 예술, 철학 등 전방위적으로 파헤치는 이 구렁텅이의 역사와 실체.(김경영)

**『고통을 말하지 않는 법』마리아 투마킨 지음, 서제인 옮김, 을유문화사**

고통스러운 일을 경험한 이들과의 대화를 풀어낸 책. 타인을 온전히 이해하는 일, 그 불가능성 앞에서 끝없이 무너지고 부서져도 다가서고 또 물러서기를 멈추지 않는 파도 같은 이야기.(한채원)

**『뒷자리』희정 지음, 포도밭**

싸움이 끝난 자리, 이미 넘어간 페이지에 남아 주목마저 받지 못하는 싸움을 이어가는 사람들에 대한 기록. 희정다운 주제 선정과 희정다운 관점, 희정다운 인터뷰.(김경영)

**『사람을 목격한 사람』고병권 지음, 사계절**

사람으로 취급받기 위해 필요한 자격을 촘촘히 따지는 세계에 정당성 없는 목소리가 울려 퍼진다. 그 목소리에 휩쓸려 스스로 인간의 도리를 포기하지 않기 위해 반드시 필요한 앎을 담은 책이다.(김경영)

**『인간다움』김기현 지음, 21세기북스**

이 책은 전통적으로 생각되는 인간다움의 기준을 공감, 이성, 자유의 세 가지 축을 통해 현실 속에서 구체화하고, 현대 사회에서는 인간다움이 어떤 도전에 직면하고 있는지를 살펴본다.(이현진)

**『감정의 문화정치』사라 아메드 지음, 시우 옮김, 오월의봄**

2004년 출간 이후 연구자들 사이에서 정동 연구의 걸작이라는 입소문을 타며 알려진 책. 인종, 이주, 차이, 역사, 국가를 비판적이고 독창적으로 읽어 내는 문제작.(손민규)

『진격하는 저급들』 이연숙 지음, 미디어버스
우리 사회에 정동하는 '젠더'와 '하위문화'의
쟁점을 짚어 주는 책. 퀴어 부정성의 핵심이 되는
'쓸모없음'에 주목하며 무가치함을 끌어안고
우리는 무엇을 더 시도할 수 있는가에 대한
과제를 부여한다. (한채원)

『증발하고 싶은 여자들』 이소진 지음, 오월의봄
'1990년대생 여성들의 자살 생각'이라는
문제의식으로부터 출발한 책. 한국의 청년
여성들이 노동과 가족 제도에서 직면하게
되는 여러 가지 사회 문제를 여성주의적으로
풀어낸다. (한채원)

『맘카페라는 세계』 정지섭 지음, 사이드웨이
맘카페에서 오가는 담론과 나타나는 현상은
대한민국의 욕망이다. 대한민국의 모성, 사교육,
부동산, 정치를 깊게 들여다봤다. 맘카페에 가면
저출산의 이유가 보인다. (손민규)

『먹지 못하는 여자들』 해들리 프리먼 지음,
정지인 옮김, 아몬드
어쩌면 가장 많이 오인되는 정신 질환, 거식증에
대한 탐구. 거식증 당사자이자 저널리스트인
저자가 써 내려간 내밀한 회고록이자 입체적인
연구서이다. (김경영)

『출산의 배신』 오지의 지음, 박한선 감수,
에이도스
산부인과 의사이자 출산 경험이 있는 저자가
그 고통을 과장하지 않고, 과정을 미화하거나
신성시하지도 않으면서 재생산에 대해
말한다. 솔직한 동시에 정확한, 이런 책이
필요했다. (김수현)

『사랑에 따라온 의혹들』 신성아 지음, 마티
어느 날 악성 질환에 걸린 아이, 당연하고
자연스럽게 돌봄을 전담하게 된 엄마.
사랑과 정치는 서로 다른 세계에 있지 않다.
사랑과 돌봄, 모성과 정치에 관한 용감한
질문들. (김경영)

『만 년 동안 살았던 아이』 나가노 하루 지음,
조지혜 옮김, 낮은산
저자는 여덟 살에 조현병 엄마를 돌보는
보호자가 된다. 한창 보살핌을 받아야 할
나이에 돌봄 노동을 감당해야 했다. 그동안
사회가 주목하지 않은 영 케어러의 삶을 기록한
책.(손민규)

『조금 불편해도 나랑 노니까 좋지』 김나무 지음,
위고
청각 장애가 있는 동생과 비장애인 누나가
통해져 온 어린 시절에 대한 이야기. 지나온
시간을 오롯이 이해하려는 노력을 통해
삶의 무게에 조용히 더해져 있던 '사랑'이
드러난다.(김수현)

『옷을 사지 않기로 했습니다』 이소연 지음,
돌고래
5년째 새 옷을 구매하지 않는다는 저자의 기록.
왜 옷을 사지 않기로 했을까? 인류와 환경을
위해서다. 과잉 생산과 소비를 부추기는 패션
업계의 관행에 반대한다.(손민규)

『가난한 아이들은 어떻게 어른이 되는가』 강지나
지음, 돌베개
빈곤 가정에서 자란 여덟 명의 아이와 10년 넘게
교류하며 탄생한 책. 현대의 가난을 구성하는
건 관계, 교육, 정서 등 총체적인 빈곤이다.
빈곤은 공동체 차원의 문제다.(손민규)
우리 사회에 부재한 '어떻게'의 공백을
채우기 위한 10년간의 노력을 인터뷰집으로
기록한다. 이 책은 어려운 여건 속에서도 자신의
자리를 만들어 가며 성장하는 이야기를 보여
준다.(이현진)

『세계의 종말을 늦추기 위한 아마존의 목소리』
아이우통 크레나키 외 지음, 박이대승·박수경
옮김, 오월의봄
문명은 이제야 종말과 위기를 논하지만
원주민의 세계는 이미 종말을 맞이했다.
원주민의 시각과 목소리로 바라본 세계의 종말,
'역-인류학적 관점'은 그 자체로 묵직한 충격을
안긴다.(김수현)

『정상동물』 김도희 지음, 은행나무
저자 김도희 변호사는 동물의 권리와 동물에 대한 인간의 기준을 재구성하며 공생의 방법을 모색한다. 우리 안에 자연스럽게 자리 잡고 있던 동물에 대한 편견과 고정관념들을 일깨워 주는 책.(한채원)

『우린 모두 마음이 있어』 로렐 브레이트먼 지음, 김동광 옮김, 후마니타스
동물에게도 정신이 있으며 때때로 그 정신은 불완전할 수 있다. 인간이 그렇듯이. 동물의 정신세계에 대한 탐구를 통해 인간 중심적 사고에서 한 발짝 더 나아가게 해주는 책.(김수현)

『우리가 작별 인사를 할 때마다』 마거릿 렌클 지음, 빌리 렌클 그림, 최정수 옮김, 율유문화사
생명의 빛이 반짝이고, 그러다 사라지는 순간들에 대한 담담하고도 운치 있는 묘사가 이어진다. 모든 살아 있는 것들은 언젠가 저문다는 사실을 기억하게 한다. 아름다운 글과 그림으로.(김수현)

『해방의 밤』 은유 지음, 창비
나를 살린 숨구멍은 비슷한 고통을 겪는 다른 이에게도 구원이 될 수 있을까? 은유가 매번 숨구멍이 되어 주었던 책의 목록을 편지의 형식으로 건넨다. 살리고 싶다는 "간곡한 마음으로."(김경영)

『형식과 영향력』 리디아 데이비스 지음, 서제인 옮김, 에트르
글쓰기 덕후 리디아 데이비스의 독창적 글쓰기 스타일을 위한 강의. 장르를 가리지 않는 예시와 그가 직접 보여 주는 변용 훈련은 아마도 예비 작가들이 간절히 찾아 헤매던 수업일 것이다.(김경영)

『지루하면 죽는다』 조나 레러 지음, 이은선 옮김, 월북
요즘의 콘텐츠 소비자들은 조금의 재미없음도 견디지 못한다. 이들의 눈길을 사로잡을 만한 재미 요소는 어떻게 만들 수 있는가. 창작자들을 위한 다채로운 미스터리 전략을 담은 책!(김수현)

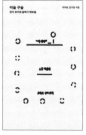

『따라 쓰기만 해도 글이 좋아진다』 김선영 지음,
좋은습관연구소

『어른의 문해력』 김선영 작가가 엄선한 필사해야
할 문장 30. 글 잘 쓰기 위한 효과적인 훈련은
필사다. 서른 명의 글쓰기 대가의 문장을 따라
쓰면서 문장력을 기를 수 있다. (손민규)

『요즘 어른을 위한 최소한의 문해력』 이주윤
지음·그림, 빅피시

자주 쓰이지만 헷갈리기 쉬운 어휘와 표현을
다수 소개한다. 알기는 알지만 막상 설명하기는
어려웠던 단어들을 이참에 확실하게 내 것으로
만들어 보시기를! (김수현)

『완벽한 읽기 기계』 롤란트 로이스 지음, 강민경
옮김, 정제소

책을, 책의 물성과 만듦새를 더없이 사랑하는
사람이 쓴 책. 생략 부호에서부터 조판에
이르기까지, 책이 만들어지는 과정에서 어떤
지점들을 엄밀하게 고려해야 하는지 낱낱이
파고든다. (김수현)

『이미지란 무엇인가』 이솔 지음, 민음사

서양 형이상학이 오랜 시간 견지해 온 이미지
관념을 장 폴 사르트르와 질 들뢰즈의 이론을
통해 비판적으로 검토한다. 이미지의 시대,
콘텐츠 시대에 반드시 필요한 철학적 토대를
제공하는 책. (한채원)

『미술 구술』 이여로·임가영 지음, 화이트 리버

미술을 보고, 말하는 행위에 대한 새로운
관점과 방법론을 담은 책. '미술 말하기 공동
수련(workshop)'의 필요성을 제안하며, 독자의
미술 감상의 폭을 확장시켜 준다. (한채원)

『정신머리』 박참새 지음, 민음사

박참새 시인의 등단작. 팔팔 끓어넘치는 시,
넘쳐흐른 시를 발바닥으로 짓이기는 시, 그 발로
쌓인 눈 위를 걷는 시. '이렇게까지?'라는 물음에
'이렇게밖에는,'이라 답하는 이야기들. (한채원)

『소녀는 따로 자란다』 안담 지음, 위즈덤하우스

여자가 되고 싶은 소녀들의 비밀 친구이자, 무엇이 되어야 하는지 알 수 없어 외로운 한 소녀의 성장기를 섬세하게 서술한다. 처음 보는 소설, 그러나 오랫동안 그리워했던 이야기. (한채원)

『모든 것을 본 남자』 데버라 리비 지음, 홍한별 옮김, 민음사

이야기는 26세의 솔이 런던 애비 로드에서 넘어지는 것을 시작으로 56세의 솔의 삶과 교차하며 진행된다. 이 소설은 기억과 시간의 흐름을 통해 자아를 탐색하는 새로운 기법을 보여 준다. (이현진)

『빵야』 김은성 지음, 최정우 그림, 알마

1945년에 탄생한 소총을 소재로 시대극을 집필하려는 드라마 작가의 이야기. 낡은 소총 '빵야'를 통해 실패와 좌절 이후 개인과 사회가 어떻게 다시 일어날 수 있는가를 보여 준다. (한채원)

『청년부에 미친 혜인이』 이오진 지음, 제철소

여성, 퀴어, 청소년 등 어디에나 있지만 언제나 쉽게 외면당하고 부정당하고 마는 이들의 목소리를 전하는 희곡집. 희곡을 낯설거나 고루다 생각해 온 독자들에게 이오진의 작품을 추천한다. (한채원)

『나 없이는 존재하지 않는 세상』 카를로 로벨리 지음, 김정훈 옮김, 이중원 감수, 쌤앤파커스

이 책은 양자 이론의 신비로운 세계를 보여 줌으로써 단순히 읽히는 것이 아니라 경이롭고 도전적인 여정으로, 물리학과 철학의 경계를 넘나들며 새로운 지식을 탐험하도록 독자를 이끈다. (이현진)

『다정한 수학책』 수전 다고스티노 지음, 김소정 옮김, 해나무

목차부터 흥미롭다. 몸과 마음과 영혼을 위한 수학이라니! 생각 외로 한 장 한 장 빠져들어 읽게 되는 책이다. 잠들어 있던 수학 사랑을 깨닫게 될지도 모른다. 그만큼 재미있다. (김수현)

대산문학상 현대문학상 한국일보문학상 수상 작가
제15회 허균문학작가상 수상작

# 우리 문학의 설레는 이름,
# 최은미가 선사하는 깊은 아름다움

숨 막힐 정도로 정교하게 인간의 삶과 마음을 관찰한다. **황인찬 시인**

『마주』는 소중히 읽혀야 한다. **조해진 소설가**

인물들은 타인을 아픔에서 구해내고 더 깊이 껴안는다. '겪고 넘어가야
할 시간'을 통과한 인간과 관계의 맨얼굴을 정교하게 짚는다. **서울신문**

면적이 점점 좁아지는 신문지 위에 서서 '다들 그렇게 사니까'라며 버티
던 모두에게 감각, 그러니까 '생기'를 잃지 않고도 살아내는 쪽으로 용기
를 내게 한다. **한국일보**

최은미는 더 확장되고 또 깊어질 것이다. **한겨레**

# 마주

## 최은미 장편소설

값 16,800원

**창비**
Changbi Publishers

# "서평은 그 자체로 하나의 우주이다"

## 서울 리뷰 오브 북스

## Seoul Review of Books

2024 봄
13호 특집:
민주주의와 선거

책을 아끼고 좋아하는 분들과 함께 이 우주를 담고
싶습니다. 그리고 우리는 독자들과 공감하는 글을 만들기
위해 독자들의 의견을 수렴하고 반영하는 개방된 창구를
항상 열어둘 것입니다. 우리 역시 "계속 해답을 찾아
나가는" 존재가 되어《서울리뷰오브북스》를
틀과 틀이 부딪치는 공론장으로 만들어 가겠습니다.

하루에도 수십 권의 책이 쏟아져 나오는 시대,
'어떤' 책을 '왜' 읽어야 하는가?
《서울리뷰오브북스》는 그 답을 서평에서 찾습니다.

⦿ @seoul_reviewofbooks

정기구독 및 뉴스레터 구독 문의
seoulreviewofbooks@naver.com
자세한 사항은 QR코드를 스캔해 주세요.

# 서울 리뷰 오브 북스

Seoul Review of Books 2024 봄

## 13

| | |
|---|---|
| 발행일 | 2024년 3월 15일 |
| 편집위원 | 강예린, 권보드래, 권석준, 김두얼, 김영민, 김홍중, 박진호, 박훈, 송지우, 심채경, 유정훈, 이석재, 정우현 정재완, 조문영, 현시원, 홍성욱 |
| 편집장 | 김두얼 |
| 편집 | 장윤호 |
| 디자인 | 정재완 |
| 제작 | (주)대덕문화사 |
| 발행인 | 조영남 |
| 발행처 | 알렙 |
| 등록일 | 2020년 12월 4일 |
| 등록번호 | 고양, 바00044호 |
| 주소 | 경기도 고양시 일산서구 중앙로 1455 대우시티프라자 715호 |
| 전자우편 | seoulreviewofbooks@naver.com |
| 웹사이트 | www.seoulreviewofbooks.com |
| ISSN | 2765-1053 41 |
| 값 | 15,000원 |

| | |
|---|---|
| 구독 문의 | seoulreviewofbooks@naver.com |
| 정기구독 | 60,000원 (1년/4권) → 50,000원(17% 할인) 자세한 사항은 QR코드를 스캔해 주세요. |